爱是唯一不变的答案，永恒的终极答案

东方圣光
ORIENTAL HOLY LIGHT

序

天堂，比人间更真实，因为人间的苦难，终究会过去，而天堂的光明幸福，是永恒无边际；接纳人间的苦难，以临终前的心，清醒淡然地，看待你眼前经历的一切，以释怀且温暖的宽恕心，原谅你正在经历的现实矛盾。

修行者，是属于天堂的，因为天堂才是真实的，而我们今生所经历的一切，无论是非善恶，无论幸福苦难，都是我们内心的执迷，所导致的"业报"境界；释怀了自己的内心，就能够化解外界的"业报因果"。

当自我体验感知，融入内在宽恕时，原始的生命本性就会苏醒；纯净永恒的幸福天堂，就会于身心中降临人间，天堂中一切苦难都会被善解，所有悲伤苦难都会被治愈，一切生死绝望都将消失在光明中；无限的生命带来无限的幸福，无限的光明将开拓无限的希望。

希望，是天堂之光。

若众生听闻真理，反观身心内在，觉醒心灵本来面目，
则"生死梦境消融，山河大地无寸土"。
随着心灵觉醒，构成身心意识的，累劫习气妄想消融，
由心灵罪咎聚合因缘业力，
体现在人间的"生理疾病"现象，
就会得到缓解，疾病消融，疗愈康复。

种种神奇的案例，都是患者自心疗愈的效果。
并非是，真理救死扶伤的神迹功德。
真理，只解开众生心灵迷惘，不针对人类物质生活。
真理，只唤醒灵魂深处的光，不改变现实生活环境。

是众生的心灵，信受真理，

灵魂觉醒后，由内而外改变了，生理疾病现象。

是众生改变了自己的心，从而改变了自身命运。

愿普天之下，都能听闻真理，从改变内心开始，进而改变生命的未来。

目 录
CONTENTS

亲子关系
CHAPTER TITLE

◎溺爱会扼杀孩子的生存能力　　　　　　　　002
◎爱孩子,就给予她安全感,与全部的自由　　006
◎爱与规则的平衡　　　　　　　　　　　　　009
◎过去是"后妈",现在是无话不谈的"姐妹"　013
◎单亲母亲的绝望与救赎　　　　　　　　　　020

和谐家庭
CHAPTER TITLE

◎家庭不是讲道理的地方　　　　　　　　　　030
◎婚姻何去何从,继续 or 分开?　　　　　　　032
◎被儿女需要,父母就会永远年轻　　　　　　036
◎老板娘的家庭从凶吵到和乐　　　　　　　　039

◎ 冥顽不灵的他变得温暖 045
◎ 从虚荣骄纵，到无私感恩 052

抑郁症
CHAPTER TITLE

◎ 抑郁症成因 060
◎ 成因一：不被理解 063
◎ 成因二：活着没有意义 073
◎ 成因三：缺乏爱 088
◎ 如何疗愈抑郁症 095
◎ 大学生直面躁郁症黑洞（上） 101
◎ 大学生直面躁郁症黑洞（下） 109
◎ 重度抑郁的我，重见光明 117
◎ 寻寻觅觅，终于找到康复之路 121
◎ 曾经，我的世界轰然坍塌 126
◎ 幻听手抖失眠消失了 134
◎ 4岁自闭症男孩，18个月的奇迹 138
◎ 特殊学校孩子的曙光 140

重症康复
CHAPTER TITLE

◎奇迹   152
◎爱是灵丹妙药   168
◎这些癌症去哪了啊？   169
◎眼瞎复明   172
◎乳腺癌完全康复   179
◎十年以上的肿瘤缩小了一半   183
◎瘫痪老人重新站立   188
◎40年的顽疾头痛好了   192
◎约10公分的卵巢囊肿消失了   194

爱的重生
CHAPTER TITLE

◎先宽恕被伤害的你自己   200
◎真正的爱是源自于灵魂的无私   206
◎爱自己才能爱别人   211
◎主是爱你的   212
◎不离弃的爱，不消失的包容   215
◎被遗弃的我，从阴影走向光明   217
◎丧偶的苦和痛，被爱与宽恕取代   221

福报功德
CHAPTER TITLE

◎ 父亲的灵魂去了天道　　　　　　　　230
◎ 福德缺失的后果　　　　　　　　　　235
◎ 福报的根本　　　　　　　　　　　　237
◎ 福报和功德的区别　　　　　　　　　244
◎ 三次破产后的重生　　　　　　　　　248
◎ 足不出户，收入翻10倍　　　　　　　252

驱逐灵体
CHAPTER TITLE

◎ 无论何种附体，都能痊愈　　　　　　256
◎ "双修"邪魔附体被清理　　　　　　260
◎ 青年被鬼上身　　　　　　　　　　　264

亲子关系

◎溺爱会扼杀孩子的生存能力

学生：下午女儿发了一篇文章给我，部分内容如下：

……我一直很听爸爸妈妈的话，买他们不喜欢的东西，我就会有很强烈的负罪感，觉得自己有违背道德和规矩，其实也没什么，不过对于从小就是听爸爸妈妈话的我来说是有很大的心理负担。

后来我还是坚持买了自己喜欢的东西，多亏姐妹的鼓励，哈哈哈，现在越看越喜欢，买的时候特别难受，心如刀绞。不是因为钱，

◎溺爱会扼杀孩子的生存能力

是因为我没有听我爸的意见，我二十年一直很听他们的选择，所以就感觉像是做了犯法的事一样，哈哈哈……

后来我想的是我想做一次我自己，就算后悔也没关系，我花自己的钱，买自己喜欢的，这又能怎么样？大不了以后觉得不好了，吃亏了，再听爸爸妈妈的就可以了，不要一直活在小时候的影子里，然后我就狠心买了，现在很开心，希望和我一样的姐妹能放宽心买自己想要的，只要不是触及原则的事，一定要遵从自己的心！宽恕那个觉得买东西不听爸妈就有负罪感的自己！真的很有效果，就暗示自己：这只是买个东西，只是眼光不同，买自己喜欢的就好！

老师：看你女儿的内心纠结，我可以推测出，你们做父母的，对孩子的爱，表现得太强迫太控制了，你的女儿长到20岁，没有得抑郁症，真是她的幸运；孩子要有自己独立的主见，独立的心灵，独立的思维，独立的信仰，父母无权去命令，最好也不要建议，任何建议都不要给，

♡爱是唯一不变的答案，永恒的终极答案

让她自己去摔跤，去碰壁，去伤痛，去流血，去体验失败与恐惧，当孩子的心灵，经历了足够的伤痛与现实磨砺，她自己就会形成自我保护的警觉，她的灵魂就会形成理智且坚强的抗压力，这个时候，父母就可以给予她，她需要的帮助，无论是精神上的，还是物质上的，你们无法代替孩子生活，你们都会离开孩子，她注定要一个人面对这个残酷的世界。

与其，让她作为一棵没有丝毫生存能力的幼苗，在你们离开她之后，独自一个人面对人心的邪恶黑暗，还不如，在你们活着的时候，在身边看着她，经受各种伤害，唯有经历过伤害的心灵，才可以让灵魂强壮、清醒、理性、健康，真正爱孩子的父母，绝不会因为自己的不安全感，而全身心溺爱孩子，将她的生存能力全面扼杀。

祝福你的女儿，希望她能独立自主，清白阳光地活着。

◎溺爱会扼杀孩子的生存能力

■ 对孩子的培养，基于两个基本点。
第一是自律，教会他约束自己的言行，为别人的感受考虑；
第二是宽恕，能够心存善良，温暖的内心中，将培育出健康乐观积极的心态。

♡爱是唯一不变的答案，永恒的终极答案

◎爱孩子，就给予她安全感，与全部的自由

教育孩子就是一个底线，"黄赌毒"绝不可以碰，想都不能想，除此之外的任何事情，都随你所愿，你想去捡垃圾维持生活，支持你；你想去学习足疗，为人捏脚服务，支持你；你想要当街卖唱，支持你，并且去给你捧场；如果你有学习的渴望，能吃苦受累啃下书本，绝对砸锅卖铁供你上学，反正就一句话，你的人生自己做主！你自己选择的人生，自己去承担选择后的结果，不要怕失败，人生中失败才是正常的，成功都是罕见的，只要尽心尽力，付出的努力对得起自己的良心，你的人生就是满足的。

◎爱孩子，就给予她安全感，与全部的自由

人都会老的，活到 50 岁开外，回头看看自己这一生，前半生的荣华富贵，众人瞩目，交口称赞，都是浮云掠过，真正能够留住的，属于自己的生命记忆，不过就是真心想做自己愿意做的事情，并且倾尽全力投入其中的生命过程，这段过程才属于自己，这段凭着真心全然付出的岁月，才是曾经活过的证据。

如果，为了获得社会价值，为了别人的眼光而活着的人生，那是属于别人的生活，你将自己的生命，活成了别人眼中的演员，为了其他人的羡慕、尊重、赞叹、赞美而活着，到了年老体弱的时候，你的演员形象被世界遗忘的时候，你会发觉自己一生活得很可怜，没有价值，很空虚，因为你从来没有凭借本心的意愿，为达成自己的心愿而真正燃烧过生命。

那么在别人眼中你风光的一生，不过是行尸走肉而已。

教育孩子的核心，就是全然的爱与支持，何谓爱？理解，体谅，温暖，没有任何附加值；何谓支持？在她需要帮助

♡爱是唯一不变的答案，永恒的终极答案

的时候，无条件地付出自己的所有；但是绝不以权威的名义，强加给孩子任何意见与观念；靠着自己的心愿，吸收书籍知识，并且在生活中沉淀所学成为生命经验的孩子，骨子里会自信阳光，有分寸有见识，有胆量有魄力，父母要做的事情，只是为孩子铺垫一个永远都在的"保护垫"，在她从理想的高度掉落下来时，可以用温暖的爱，以及物质金钱支撑她，修复伤口，满血复活。

爱孩子，就给予她安全感，与全部的自由。

◎爱与规则的平衡

学生：对亲情的舍弃，才开始，路还很远，但很坚定。舍弃亲情的决心和信心……发愿：从此刻开始，我就是一个在家的出家人了。踏踏实实践行宽恕，消融自我，跟随老师回家。（节选）

老师：不要走极端，管教孩子是父母的责任，必须要做好，否则你就不配为人父母；我说的放手，是在培养孩子、管教孩子的基础之上，不要对孩子形成明确的"期许"，也就是功利化，不要一定要求孩子考多少分，尽心尽力就好，不要强求孩子要上名校，不考上名校就如何如何，这种明确具体的，功利化的教育，会压抑孩子的灵魂形成抑

♡爱是唯一不变的答案，永恒的终极答案

郁症，等到孩子心灵生病的时候，你再痛哭流涕就悔之晚矣。

我身边的朋友，真实发生的案例：父母都是藤校的教授，孩子，从小到大学习成绩优异，后来考入哥伦比亚大学，藤校排名靠前的，入学后，因为长期的优异导致对自己要求得严格，内心无法接受，自己在全世界优秀孩子之中竞争失败的挫败感，自杀了。

作为父母，你面对这个结局会如何想？
你想要一个哈佛大学的儿女，但是会随时面临死亡；还是想要一个事业普通，但是性格阳光健康的孩子？

还有一个妈妈，事业成功，是（辉*）公司的高管，女儿也是一样优秀，成绩一直第一，游泳拿过州第一名，这是妥妥的上哈佛、耶鲁的节奏。
美国对亚洲女性非常照顾，对亚裔男性则很歧视，不知道什么原因，北美地区的白人，对亚裔女性普遍宽容而

◎爱与规则的平衡

且善待，这个女孩子的条件，绝对是上哈佛、耶鲁、斯坦福的人，可是，因为长期的学习压力导致身体不适，患了抑郁症了，休学在家，天天想着自杀。

爸爸妈妈什么都不能干，每天陪着她。
你们的孩子或许普通，但是最起码，心灵没疾病吧？

你们是否亲身经历过，孩子生病的状态？感冒发烧，就可以让你一周时间寝食不安，熬夜疲倦；如果孩子患上了自闭症、抑郁症，想要自杀，想要自我毁灭，你平日里孜孜以求的，人间荣华富贵，对孩子未来的幸福生活憧憬，究竟有何意义？

给孩子一个温暖安全的家，给孩子一个永远不变的爱，给孩子一个永远的承担与退路，让他自己去，面对自己的人生，管教他但是不强迫他，讲道理，但绝不要训斥他；不要对他有任何具体的期许，任何人间目标，都需要孩子自己去制定，自己去实践，并且自己承担一切结果。

■ 没有指责,没有否定,只有宽恕与温暖,只有接纳与爱。

让孩子自己摔跤,疼几次后,他发现没有人可以替自己受伤,自己的痛苦并不能带给其他人痛苦,他自己就会本能地,远离经受痛苦的机会。

爱与规则,都是要有的。

◎过去是"后妈",现在是无话不谈的"姐妹"

案例

◎过去是"后妈",现在是无话不谈的"姐妹"

21岁,我就结婚生了一个女儿,考验也随之而来。

女儿刚出生不到一个月,婆婆就给她算命去了,当时的我一点分辨能力都没有,心里唯有恐惧,婆婆说什么就是什么。

算命的说,我女儿克娘家,不能管我们叫"爸爸妈妈",要叫我周老师,刚好我又是幼儿教师,也就听从了。

从此,这个"周老师"就对女儿百般苛刻,一点不合

♡爱是唯一不变的答案，永恒的终极答案

我意，我就大发雷霆，把女儿骂得多次晕倒。最悲哀的是，我一直不知道这样是错的。作为一个母亲，最起码的母爱，在我身上找不到一丝一毫。月子里我就忍心让她干哭半小时，丝毫不心疼。

女儿9岁开始，她的肚子经常会痛，断断续续地越来越严重，严重时甚至上不了学。我总以为她是装的，就对女儿爆发各种辱骂，我们之间不和的场面是家常便饭。

然后我又迷信地去找什么"活佛"，说要如何如何做，不然我女儿就活不过10岁。这是一个多么大的噩耗啊！我的心早就承受不住了，但是，我还是强忍着，充满恐惧的我，选择了继续痴迷下去，不仅花了许多钱，孩子也一点没有好起来。

婆婆这边的家人们都说我是后妈，不然哪会舍得这样对女儿？而我十几年来，把心里所有委屈、不满统统冲着女儿发泄，因为只有她是小孩，大人我又不敢。

◎过去是"后妈",现在是无话不谈的"姐妹"

我女儿上初中后,情况更加严重,我们会彼此对骂,各种语言攻击。有时她会通过离家出走、割手臂来缓解内心的痛苦。她还经常得严重的口腔溃疡,喉咙二度肿大导致的发烧,是经常的事,严重时吞咽都成了困难事。带她看了心理咨询师,到医院也检查了,诊断说是抑郁症,但服了药也没效果。

在此期间,我们的一次吵架,导致她在 4 个小时内,分两次服用完十几颗抑郁症的药。我们下班回家后才发现,立刻带她去医院进行催吐治疗,还好没有什么大碍。

2021 年我遇到了老师的法,当时女儿正在上初中。慢慢地,我们看到了改变。虽然一开始我们还是会吵,但是次数越来越少,吵完我就开始宽恕,一次次流泪度过。

在这期间,女儿的房间里 24 小时不间断地播放《梦》[1],

---

[1] 《梦》,以"祂"的体性,阐述众生与"祂"未曾分离。为众生介绍生命本来的自己。开示不同等级灵魂,归入"祂"的道路。是"祂"智慧还原,是"祂"宽恕远离。是毕生修行的功课,是保护灵魂的护法。

♡ 爱是唯一不变的答案，永恒的终极答案

哪怕她一开始会经常把音量调成最低，我也会悄悄调响一点，因为当时我相信，只有让女儿听老师的声音才会好起来。

后来，我女儿慢慢不再排斥，我偶尔还会给她发一些老师文字开示段落，她也会回复：OK，好的。晚上她也会大声开着音频，我会和她讲一些师兄们转变提升的例子，她越来越喜欢听，时不时还会跟我交流几句。

虽然过程艰难，一切都值得，太开心了。

在学老师法后，我才意识到，我是爱我女儿的，与此同时心里装的却是满满的自责和愧疚，觉得自己不配当一个母亲。伴随着我们和婆婆分开居住，我的内心功课也开始一点点去突破，逐渐从愧疚感中走出来。

我知道自己错了，必须要忏悔、改正，但不能一味陷在自责当中，那样不仅帮不了女儿，还会让我们越来越糟

◎过去是"后妈",现在是无话不谈的"姐妹"

糕。

记得老师说过:夸奖孩子,哪怕没东西夸,就说你长得白,真漂亮。(大意)

然后我就照做,说:宝贝,你的皮肤好好啊,真好看!

哪天起床吃早饭了,我就真诚地说:宝贝,今天竟然起床吃早饭了,真棒呀!

就这样,一次次,一点点,我找各种理由去夸她。

当我女儿做了一件事情让我不开心时,我会尝试着站在她的角度去想,让自己努力去理解她,后来,慢慢就好起来了。现在的我已经不用费力,就能理解、体谅她了。

■ 源于灵魂的爱，可以温暖孩子的心灵，一颗健康纯净的心灵，才是健全人格成长的保证，比《弟子规》有效。

我是如何做到爱她呢？在我意识清醒，内心平静的时候，我就会告诉自己：我是爱女儿的，我是一个好妈妈。女儿不会怨恨我的，她也爱我。

在现实生活当中，尽量去满足女儿的小要求，让她感觉到妈妈对她的爱。后来，我和女儿就如姐妹一样，无话不说，感情越来越好，偶尔拌几句嘴，过几分钟就好了。而且我们都不会放心上，她还会经常跟我说一些心里话。

◎过去是"后妈",现在是无话不谈的"姐妹"

现在基本上不会再有争吵,哪怕是有不愉快,我们会在当时坦然说出来,然后马上得到释怀,不会像以前一样憋在心里,等待爆发。

目前,女儿心态上积极乐观,学习上很求上进,身体有些不舒服也会坚持。更不会再有割手臂的现象,也会关心自己的身体了。

最开心的是,我女儿现在脸色、眼神、身体都不一样了。以前脸色苍白,眼神无主,噩梦多,经常睡不醒,总是昏昏沉沉。那时遇到困难就会很生气,特别暴躁,经常发火、不理人,房门一锁就是几天。但是现在,她愿意听我们的劝导了,当我分享老师的方法,她也会接受并实践。我告诉她:要宽恕自己、接纳自己,爱自己!最强大的不是对抗,最强大的是释怀。相信老师是爱你的,祈求老师帮助。

她回复我:好的!

♡爱是唯一不变的答案，永恒的终极答案

案例 1

◎单亲母亲的绝望与救赎

　　从小我的生活环境就是，爸爸妈妈为了挣钱养家起早贪黑经常不在家，整个童年几乎很少得到母亲的陪伴，因此从小我的性格就一直有些悲观和懦弱。总是幻想一些悲伤的事情，我也不会说啥让人开心的话，因此在众人眼中我一直是一个孤僻、不懂人情世故的孩子，没有什么朋友，很多时候我只有通过贬低自己，用自嘲的方式，来获得别人的好感，让他们愿意和我做朋友。我的内心没有安全感，充满惧怕，孤独又自卑，在父母和他人眼中，我一直是啥事也干不好的窝囊废。

　　这样的情况伴随着我的整个童年到大学，因为外貌长

◎单亲母亲的绝望与救赎

得乖巧，这时候外貌成了我唯一可以炫耀找回自尊的资本，其实骨子里一直非常地自卑和孱弱。我是"心比天高，命比纸薄"，骨子里渴望找个有钱人过上好生活，可是人生总是不得志。

第一段婚姻因连续自然流产几次，得了生育障碍多囊卵巢综合征，导致再也无法生育，人也一下长胖了三十多斤，完全变形。这使往日虚荣的资本荡然无存，随之而来的是更加自卑和愤世嫉俗。

第一任丈夫在我刚刚流产当日就提出了离婚，我无法接受这样的双重打击，患了抑郁症中的强迫症。每次发作时，有两个相反的念头在脑海中不停打架，比如走到河边看到一个小孩，脑海里会突然冒出想把这个小孩推下河里淹死，但是理智告诉我不能这样做，另外一个念头又会不断催促自己赶快做，为了控制这个坏念头，我就只能通过不停地扇自己耳光和用头撞墙，用这样的极端方式来试图让自己停止这些恐惧念头。如果能够在那时就能遇到上师，

♡爱是唯一不变的答案，永恒的终极答案

知道去宽恕接纳拥抱这些念头和体验，后面，我的孩子也不会受那么多苦，都是眼泪。

2012 年离异后，我刚开始接触佛法进入佛门，可惜学的是外道获得法。2014 年上天给我送来了一个可爱的孩子。在怀孕的时候胎梦非常好，我以前是一个迷信的人，觉得这个孩子是我放生拜佛来的，因此他一定是不凡的人，一定带着使命来的。就是这个贪婪的执念，让我想要靠孩子彻底拯救自己悲剧的一生，让他代我实现我未曾得到的虚荣和尊重，因此，我的人格又分裂成为以炫耀孩子来获得关注，来填补自己人生失意的痛苦。

2016 年，在孩子一岁多刚学会走路的时候，我当时学习外道传统文化，学着《天下父子第一课》里教导的，让穿着开裆裤的儿子拖地、擦桌子、做家务，一旦违背我的意愿就罚跪，用竹板戒尺打他。戒尺在网上一次性购买几根，以传统文化教育孩子成才为借口，发泄心中的痛苦绝望。因为在生活中，丈夫没工作，不上进，只靠我一人挣

◎单亲母亲的绝望与救赎

钱养家，我的生存压力很大，精神上得不到他的关爱，他经常冷暴力对我，可是从小养成的懦弱卑微使我敢怒不敢言，对他一直隐忍，转而把所有的恶毒和痛苦绝望，全部发泄在毫无反抗能力的孩子身上。每次只要孩子有一点的不合心意，我都感到自己眼睛都是发红的，青筋暴露，家里常常充斥着孩子的惨叫声。

按照孩子当时的年龄，其实他根本什么都不懂，可是我却要求他像大人一样能够洞察我的心思，只要他达不到，我就暴打他，很多次手指粗的竹条都打断了，可是我的怒气仍然无法停止，看着孩子哭得上气不接下气，到处躲藏，我又感到十分地自责，只能不停地狂扇自己的耳光。这样的日子几乎三天两头上演，孩子和我都活在了人间地狱。而我还在执迷不悟，觉得孩子如果不严厉教育，他就不能成才，就不能成为我在人前的骄傲，不能为我洗雪前夫因为我不能生育而抛弃我的仇。

那时因为内心充满了恶毒、抱怨、嗔恨，觉得我是世

♡爱是唯一不变的答案，永恒的终极答案

界上最苦的人，别人都对不起我，从而长达五年时间，我都能看到蟒蛇幻影追杀我。2017年下半年，因为看到印度版的《佛陀传》，心生欢喜，非常敬仰佛陀，我就发愿要弘扬《佛陀传》，想要让更多的人认识佛陀。2017年12月因结缘《佛陀传》的因缘认识了学习老师法的师兄，她听说我的情况后，将老师的播经机和一本《梦》给我邮寄过来了。

从接到老师的播经机的第一天起，我就在家里循环播放《梦》，无论我听懂听不懂我都坚持播放，出门随身携带一个播放器，上下班戴着耳机听。

我的业障太重太重了，听法两年多的时间里，我经历了多种病业的反复，多次九死一生都过来了，又经历了家庭变故。我的抑郁症复发，虽然学习老师法两年，但是我却没有学懂，我认为的宽恕是强迫自己去宽恕外在的那个他，而不是宽恕自己内心的痛苦，没有从心地上下功夫，仍然认为有一个外在的伤害对象需要我去宽恕，强迫自己假装好人，并没有真实地面对自己内心的痛苦和绝望。所以在这两年多还是经常控制不住情绪打孩子，每次打完，我的内心都充满了自责和痛苦，内心对外界充满了仇恨和抱怨。

在学习老师法第四年，2022年上师的"宽恕"音频，如《温暖小我》等系列音频出来，那时我也刚好遇到人生又一个痛苦时刻，孩子爸爸抛弃了我和孩子，出轨了。我每天听上师的《温暖小我》《宽恕引导》音频等，边哭边听。我突然明白了原来我一直错了，因为我的痛苦来源不是外界的伤害，而是我自己啊，我没有真正地去宽恕自己，没有真正地走进自己的心里去接纳他们的痛苦。所以我所有的痛苦得不到接纳和理解，一直积压在心里，一遇到对境就爆发。宽恕，真正宽恕的是我们自己啊，是我们自己对于这个世界的认知和自我维护的索取心。

所以我学着不再去定义自己，每次内心那些痛苦的记忆涌出来的时候，我就想象有另外一个温暖的我，包容一

♡ 爱是唯一不变的答案，永恒的终极答案

切接纳一切的我，拥抱自己的痛苦，给他无限的温暖和爱，就像哄刚出生的小婴儿一样，把自己的所有痛苦和绝望拥入怀里安抚、温暖、理解并拥抱自我的诉求，让自己的痛苦和绝望在全然的接纳和拥抱中释放。我渐渐地发现，暴怒上来时，我能够清醒地看到自己的动机和情绪，并及时拉回来，打孩子的事情在慢慢地减少。孩子对我说：我喜欢现在的妈妈，以前的妈妈让我害怕。孩子的话让我无比心酸，其他小朋友的童年是得到父母无尽的宠爱，而他迎来的只是我不断情绪失控的暴打。

最近这一年多时间里，我的考验也并不比几年前少，从工作到生活一件接着一件地全面向我砸来：随时失业的威胁，身体重病的威胁，孩子身体和性格孤僻等各种问题。可是我发现在面对这些对境的时候，内在的体验在转变了，以前我会觉得自己命苦，现在我感到很平静。我知道，我之所以痛苦，根源不在外面，是我的内心的索取投射了种种问题，是我定义了善恶对错标准，一切都是我内心的欲望导致的种种痛苦和煎熬。

◎单亲母亲的绝望与救赎

就如上师说的,一切都是已经发生过的事情在回放,既然是已经发生过的事情,那我却想要去改变梦境、改变已经定好的事情,不是可笑吗?唯有接纳,不排斥也不执迷,把一切苦难当作来检验自己修行的台阶,珍惜每一个磨难,在每一个对境中用宽恕、感恩和爱去回馈对方,我惊喜地发现每一个磨难对境都是帮助我们解脱生死的菩萨的化现。

我发现当我接纳拥抱自己对外界的索取,宽恕自己的欲望和痛苦,宽恕对孩子的焦虑,选择真实面对自己的内心,彻底臣服于命运的安排,不再去追逐这个虚幻的世界,用爱和温暖去陪伴孩子,将上师的爱与温暖传递给他,让他感受到爱和无尽的接纳,这就是对孩子最好的言传身教。

孩子也在慢慢转变,受伤的心灵在爱和温暖中逐渐恢复,我坚信唯有爱和接纳可以融化一切隔阂和痛苦。

♡爱是唯一不变的答案，永恒的终极答案

◎家庭不是讲道理的地方

家庭，就是两个各有特点，有性格癖好棱角的灵魂，相互碰撞、相互融合的过程，在家庭的闭环中，彼此保持信任，以及不要触及对方的隐痛，是最基本的尊重，你无法去改变对方的心灵体验，那是生生世世形成的业障，对方也无法改变你的内涵，可是，双方可以找到共同喜欢的聚焦点，一起做让大家欢喜的事情，这是经营家庭的核心，求同存异，不要苛求对方全部接纳自己，也可以保留自己内心深处，一个

两口子吵架,是内心的诉求没有满足,可以试着作为陌生人一样,平静地谈谈,礼貌,有距离,保持相互的尊重,这样百分之八十的问题都可以解决。

独立的、自由的、私密的空间,两个人是要一起走完一生的,不要强求对方接受自己的观点与喜好,也要尊重对方的观点,哪怕不赞同,但是不要去强迫别人改变,当时间磨平了爱欲的激情,荷尔蒙消退后,个人鲜明的性格与灵魂习气就会展露无遗,往后的余生,需要的更多的是理解、宽恕、接纳、体谅,以及信任的温暖,家庭不是讲道理的地方,是身心安全,休息灵魂的场所,爱人在家庭中的角色,更多的是朋友,以信任与体谅的温暖,接纳宽恕对方的缺点,对方才能在你这里,获得情感中的安慰,以及身心的放松与灵魂的愉悦。

♡爱是唯一不变的答案，永恒的终极答案

◎婚姻何去何从，继续 or 分开？

家庭的矛盾，其实最复杂，因为公说公有理，婆说婆有理，是非曲直难以明断；我提供一个处理家庭问题的方法：当事人自己，冷静思考一下，千万不要在气头上思考，而是等气消了，理性客观地，自己一个人做一个评断：你与此人在一起生活，幸福程度占据百分比的多少？只要超过百分之八十，那么这段婚姻就是完美的，你就不要再吹毛求疵，鸡蛋里挑骨头了；要是不满百分之八十，只有百分之六七十，那么，你换一个人过生活，也基本上可以达到这个心理预期值，那么，婚姻就是一个，可有可无的凑合状态，结婚与单身的差别不是很大。

◎婚姻何去何从，继续 or 分开？

如果，幸福程度少于百分之六十，那么，尽早分开，不要让生命浪费在无休止的痛苦之中，伤害自己也伤害对方。

冷静地作出分析后，自己就有了，决断未来生活的方向：要么继续过日子，要么，貌合神离凑合过日子，要么决定分开。

第一种，你们二人的幸福程度，能够达到百分之八十以上，那么你的家庭，就已经超过了地球上百分之九十多的家庭，你还有什么可以抱怨的？有什么事情是值得争吵的？既然你决定与此人共度一生，吵完后还得继续过日子，那么吵架的目的何在？

家庭是讲爱的地方，不是讲道理的地方，既然你们爱着彼此，宽恕对方的无理，又有何不可哪？

第二种，貌合神离，各过各的，更不应该吵架，因为

♡爱是唯一不变的答案，永恒的终极答案

彼此之间，是熟悉的陌生人，陌生人之间，需要的是尊重与边界感，相互尊重相互理解，和平相处，就好像街头遇到不讲理的流氓，忍一时风平浪静，退一步海阔天空，彼此相安无事，犯不上为了一点小事就吵架，你尚且不会与一个街头流氓讲道理，试图说服对方听从你的意见，又何必为难与自己同一个屋檐下的亲人哪？

　　第三种情况，更不应该吵架，都决定离婚了，以后的生活中，不再有彼此的身影，就好合好散，拿出你自己修行者的素质，去宽恕对方，原谅对方，善待对方，最后客客气气，有礼貌地与对方诀别，大家从此开始新的人生，何必要兵戎相见，非要打得头破血流，以伤害对方为目的，结束这段姻缘。

　　要知道，现在你所咬牙切齿的人，是你曾经，热泪盈眶，海誓山盟，信誓旦旦，非嫁不可的人，是你曾经爱过的人，她／他，代表着你曾经的爱情，你逝去的青春，你原本的幻想，你曾经的期许与寄托。

◎婚姻何去何从，继续 or 分开？

伤害此刻的"他/她"，就，等同于背叛了你曾经的生命，何苦哪？

宽恕心中仇恨的对方，宽恕被仇恨监禁在内心的你自己，释放对方，给自己一个自由的未来，为曾经的爱人，送上祝福，送上祈祷。

让信仰的光明，照耀自己的灵魂。
让圣主的温暖，伴随自己的生命。

不要与爱人吵架，不要通过伤害别人的方式，去满足内心的孤单与恐惧。

你是被神佛爱着的灵魂。
只应该将爱推恩给世界。

♡爱是唯一不变的答案，永恒的终极答案

◎被儿女需要，父母就会永远年轻

学生：我非常非常非常爱我的妈妈，爱到极致。但是我好像对我妈怼的次数也是最多的，而且越来越挑她的毛病。我总是对我妈说教，因为她这辈子太省钱了，总是不舍得为自己花一分一毫，但是对我却是那么地豪横，恨不得把全世界都给我，而我却无心去要她的全世界。我也想把全世界最好的一切都给我妈，所以我们之间的冲突由此而生。现在也只有她能让我生气，因为我太在乎她了，因为我太心疼她了，我总是想把最好的一切留给她，而她却拒绝我给予她的一切，她却要把她的一切都要给我。说白了，她就是心疼我为她花的每一分钱。对自己，她在金钱

上太会斤斤计较了,而给我买我爱吃的东西,多贵她都舍得买,眼睛都不带眨一下。(节选)

老师:不要试图去改变老人的生活习性,习性观念的改变,对于老人而言是一种痛苦;我虽出身高干家庭,可是父母的工资要资助爷爷与外公的家庭,所以从小生活并不富裕,前半生养成的生活习性,导致今日的我,依旧非常节俭,现在身上穿的外套还是20年前的,这种节俭的感受对于我而言反而是很安心的体验。

也不要拒绝老人对你的爱,他们给予你的付出,是他们索取爱的回报的一种方式,给予自己所爱之人幸福,是赐予爱的人最大的回馈。

♡爱是唯一不变的答案，永恒的终极答案

因此在国内时，我一回家就从独立的男人变成了公子哥，饭来张口，衣来伸手，从不干活，就是一味地索取父母的爱，因为我看得到他们心思深处的动机。

父母对子女控制习惯了，他们习惯于强加自己的爱在孩子身上，为了让父母高兴，就扮演他们心目中需要被他们宠爱的孩子，永远依赖他们的孩子。

这样，父母就有了，被孩子依赖，被孩子需要的"价值体验"。

尤其是老年人，这一点心灵上的"价值体验"，对于人格人性的情感体验，极其重要！

因为被儿女需要，父母就会永远年轻。

案例 ▋
◎老板娘的家庭从凶吵到和乐

原本我做生意，利润可观，突然就做不下去了，没有一分钱的收入了。然后，孩子病了，哮喘，心脏早搏。后来我也病了，几年来，我一年四季都不敢出门，大夏天也不能开窗，一丝风都让我头痛如刀割，同时伴有严重的腹泻，我当时暴瘦，已经瘦到皮包骨的程度，还有重度抑郁症和失眠症等，可以说全身都是病。后来到了危重的程度，中西医都束手无策，只能眼睁睁看着病情越来越严重。生病以后，我极度恐惧，每个症状都往癌症上面想，天天查手机，越查越害怕，却停不下来，把自己吓得整晚失眠流泪。最最痛苦的却是，竟然全家没有一个人理解我，反倒不停

♡爱是唯一不变的答案，永恒的终极答案

指责我、攻击我。

我活不下去了，我要死了。极度虚弱的我，用尽全力，歇斯底里地嚎啕大哭，在路边哭，在被子里哭，蹲在地上哭，坐在地上哭。在我最绝望最无助的时候，我遇见了真理。我就像抓着一根救命稻草一样，开始抄《梦》，抄《生死河》[1]，抄所有文字资料，读《忏悔文》，背《梦》。最初因为身体极度虚弱，半小时都抄不了。慢慢加量，最多一天抄法10小时，还有一天背《梦》80遍。在没学法之前，我跟家人吵架好几年，内心的怒火和委屈没有一秒钟停止过。跟老公吵架，我们互相摔椅子。我脾气暴躁，天天把孩子吼哭。我一直看不起老公只有初中文凭。结婚的时候，老公的亲戚说："嫁给**是你的福气啊。"我嘴巴应着，但内心十分鄙夷，因为我从小的学习成绩很好。

但是学法以后，让我看清文化再高也是等死的鬼。我

---

[1] 《生死河》这本书是修行者实证佛法的具体道路，是修行者脱离身心意识，苏醒妙觉自性，完整的实证过程。记录修行者从凡夫境界，修行到解脱"自我"体验；无生证入心灵法界，慈悲还原究竟真理，体证涅槃庄严的经历。

◎老板娘的家庭从凶吵到和乐

不再羡慕人世间的一切。我只渴望自己的出离心和虔诚心能达到极致，只渴望生生世世跟随上师修行，随上师回家。

学法前，如果家人说一句"垃圾也不倒"，我会马上崩溃，哭着怒吼：我都病了这么多年了，你永远也不知道我身体病得多重，我不能出去吹风你不知道吗？！家人一句话就能让我哭得头昏脑胀，头痛欲裂。学法以后，我宽恕了内心的委屈。它毕竟不是我。我理解它，宽恕它。宽恕以后，我感觉好像什么事都没有发生过。原来痛苦不是实有的。我体会到了，"敌人"并不在外界。我要宽恕的也不是他人，我要宽恕的仅仅是渴望被认可、被理解，把自己的观点强加给别人的我自己。

于是，再次面对同样的情况，我以很坦然又有点调皮的语气回应："对啊，我没出去倒垃圾，我头不舒服。"我敢于表达自己了，而且不带怨言。奇妙的是，外界发火的家人也马上变得平静如水，不再因为我连垃圾也不倒而生气了，就像没有发生过一样，反过来说我可爱。外界真

■ 宽恕是为了善解，依善解而有释怀，
依释怀而从宿世的业力因缘中解脱。

的是内心的投射啊。

真理的力量，使得我内心彻彻底底宽恕了家人，我的家庭早已经和睦了。原来这一切纯粹是我个人的业障，跟家人没有任何关系。从此以后，我残留在内心的怨言荡然无存。这就是真神的救赎！人类哪里有宽恕的能力。

与老公的亲戚一起吃饭，我主动又真诚地说："嫁给

◎老板娘的家庭从凶吵到和乐

** 是我的福气，** 非常有责任心，对父母孝顺，对老婆孩子都很好，是真男人，是条汉子。"我内心对老公的鄙夷彻底没有了，变成了真心地赞扬他。对婆婆也是，从以前的虚伪的口头夸赞，到现在发自内心地敬佩。

我爱我的家人，但是，我已不再贪恋这份爱情与亲情了。我渴望法，渴望出离轮回。只有法能救赎我脱离轮回。我的公公在半个月前发生意外，摔了一跤，没来得及交代一句话就离世了。公公在世时把钱看得非常重，到头却是一场空。前两天，一个很有钱的朋友，说好了要来我婆婆家，却突发心脏病猝死，才40多岁。有钱又有何用？钱解决不了生死问题。

没有学法之前的那个极度恐惧死亡的我，看着公公的遗体，我突然觉得死亡真的不可怕。老人家是听着《引导文》[2]走的，这已经结下缘分了，未来一定能够继续修行直到解脱。

---

[2] 老师读诵的《引导文》，是灵性天堂的接引光明。音频中，蕴含着真神的光芒与温暖。虽然离世的灵魂，蕴含的习气妄想有所不同。可是，构成灵魂的"五蕴六识"结构是一致的。灵性绽放的光芒，可以穿透灵魂。生命蕴含的安宁，可以救赎灵魂。

♡爱是唯一不变的答案，永恒的终极答案

　　可怕的不是死亡或是痛苦与灾难，可怕的是，法放在面前却不敢相信，不愿意修行，那才是灾难。

案例
◎冥顽不灵的他变得温暖

我与老公认识三个月不到就结婚，我们两人性格脾气极为相冲，互相认为对方无可救药，几句话就能立马吵起来。

举个例子吧，前几年我每年都想去普陀山，有一次宾馆窗外望出去就是高高矗立的南海观音圣像，房间内我们却怒不可遏地吵架；还有一次我们就在海的对岸，却硬生生地因为吵架没去成。我觉得没脸见菩萨像，我想菩萨也不愿见这两个低级愚蠢的人。

曾经，我们暴跳如雷地对骂，他把我的佛珠顺着车窗

♡爱是唯一不变的答案，永恒的终极答案

直接扔到大街上。遇见真理前的两三年，某一天，在推搡中，我跌倒在地，他高高地抬起脚，悬空在我胸口上方，虽然没有落下来，但那极致的受辱感，让我近乎窒息！我从未受过这样的侮辱，那是泰山压顶一样的奇耻大辱！可是，我却没有一个地方可以倾诉和依靠。

不论怎样调整，生活依然是鸡飞狗跳。他写保证书，我提出每周喝茶聊天，或共读某一本书，制定吵架后的惩罚规则，我写信与他沟通，明确告诉他，我情绪失控时最需要什么……为了孩子，那几年我真是耗尽心血地想经营好这个家。可是无论怎样沟通，哪怕挖空心思地想办法，事实证明，想用世间法改变一个顽固的成年人，绝无可能。

2019年我终于等来了上师的法。如恶浪滔天的大海中，快要挣扎不动的人得到了救生圈；如沙漠中奄奄一息的人，看到了一汪清泉。

自此以后，每次我情绪不好，他只要读一段老师的法，

◎冥顽不灵的他变得温暖

无论当时我多么失控,都会立即安静下来,而且是秒入安静,就像被注射了一针镇定剂似的,立竿见影。为此,我们都感到很神奇。

我希望他不要浪费时间站桩了,一起全心学法,他冒火吼我:"我就不学你这个,杀了我也不学!"于是,我让他多来接我下班,一上车,我就播放老师的法。他一开始很排斥,但敢怒不敢言,后来慢慢可以接受了。某一年国庆节堵车,他竟然不急不躁地说:"没事,挺好,堵车正好多听听法。"

实质性的转变,是在疫情刚爆发的第一年。当时我因为途经湖北而被隔离,我一个人住一间全封闭无窗的房间,我有一点密闭恐惧症,整个楼层又全部是高危密接人群,我当时极度恐惧,每天靠抄法听法支撑。我请求他:我很害怕,你和儿子能不能每天电话里陪我一起读《梦》?他答应了。隔离期有半个月,某一天,我突然感受到,电话里他的声音开始用心了,而不再是应付我。那一刻,我的

♡爱是唯一不变的答案，永恒的终极答案

眼泪"唰"地流下来。

从隔离酒店返家后，他说："一开始我是陪你读，然后读着读着突然觉得，真的挺好啊，要么我把《梦》背下来吧，我也开始抄《梦》吧！"我感受到了他言语背后的真诚心，眼泪又止不住流下来。

我积极配合，把家里最舒服、最亮堂的香樟木桌让给他用，他真的在几个月内把《梦》背了下来。

不知不觉中，我们吵架开始减少，程度也越来越弱。有一次，我学法时，他默默在我面前放了一杯茶，那一刻我感受到他传递出来的温和、温暖和认可，这与以前那个急躁冲动、冥顽不化的他，简直是两个人。

一次他教孩子钢琴，在他的吼声、琴键的重重敲击声、孩子的哭声中，我心惊胆战，如坐针毡，但忍住没有走过去干涉、冲突。我紧紧地盯着我那紧缩的心，依靠着上师，

■ 宽恕，不是强迫自己去"爱"。
而是，宽恕了那些"无法宽恕"的自己，
剩下的就只是"爱"了。

宽恕她，安抚她，向她忏悔。我对她说，我背《梦》一遍，祈求背《梦》回向给她，希望能温暖她。开始背《梦》，她似乎感应到了我的诚意，眼泪就像拧开的水龙头，一直哗哗流出来，但同时，有一种释放的轻松感。

之后的某次，我因为母亲而感受到强烈的委屈和愤怒，无力忏悔，无法宽恕，只能瘫坐在地上哭。他竟然说，他开始理解我在父母关系中的痛苦了，还安慰我不要放弃，

且鼓励我说,我已经比以前好很多了。

他以前不会感受美好,也不会体谅别人,过去无论怎样对他好,都无法打开他的心扉。如今老师的法雨甘露,唤醒了他的心,唤醒了他的感受力,他开始敞开心扉,他的心柔软了好多。

有时候,他跟我争吵几分钟,就像变了个人,不再那

不要去理解爱,要去感受爱。爱可以救赎你,爱可以融化你过去未来的一切前因后果,爱可以将你今生所亏欠的福报弥补过来。

样面目可憎了,还会平静地安慰我,说理解我正在受苦,父母和姐姐都不理解,但他能理解我。他说他很佩服我,给我大大点赞,他还会忏悔自己发脾气,他学《梦》后真的有了很大进步。

在丈夫身上,在我的父母和家人身上,我看到了真理佛法一点一点唤醒众生的爱;同时,忏悔在与老公相处中,我的暴虐、控制、愤恨、鄙视,我愿一一改正。

♡爱是唯一不变的答案，永恒的终极答案

案例 1

◎从虚荣骄纵，到无私感恩

我从小生活不算大富大贵，但父母很宠爱，整日琴棋书画，俨然一个文艺女青年。加上工作是在贵族学校当国学和语文老师，学生和家长都会敬上几分，导致我心思细腻，情绪敏感，虚荣清高，总认为自己是对的。

而他呢，憨厚老实，不善言辞，不记事。可想而知，他丝毫不在乎我的那些细腻、浪漫、敏感的小细节，这给"小我"带来多少冲击。委婉表达想法，他不明白，也不记得；太直接表达，好面子、清高的习气，又让我不愿意主动开口，总希望他能猜出我的心思。

◎从虚荣骄纵，到无私感恩

比如，有一次我想让他给我买礼物，于是我先给他和家人买，然后再侧面提醒他。结果，他没懂，我很郁闷。他感觉到我的不开心，层层追问，才知道我希望收到他的礼物。

学法后才明白，一切对境都是来唤醒心中属于天堂的特质的。对境可能引起很多心，但大部分都是恐惧、索取、自我维护，老师教我们真正能消融恐惧的是爱——爱自己，也爱他人。

以前我特别喜欢隐藏和包装，太想把好的一面表现出来，常常心口不一，让自己很累。随着修学老师的教法，慢慢地敞开了心扉。"说破无毒"，在真实、不伤人的情况下，坦荡表达自己的想法和需求，允许一切发生，释放自己的心灵，不道德绑架自己，因为天堂不看这些的。

■ 如果有了猜忌，你把内心的这个怀疑呀，嫌隙呀，包括内心的这种情愫啊，把他表达出来，可能对方并不是你想象当中的，你误会当中的那种心态，叫"说破无毒"。

谈恋爱时，我在珠海，他在天津，我们大部分时间只能电话交流。后来，我要离开珠海，我的亲戚朋友和校领导纷纷找上来，叮嘱我的都是"不能为了别人放弃工作，不能一味付出"的观念，我虽置之一笑，但心里恐惧却被翻了起来。一想到没钱没好房子住，没了好工作，没了爸妈在身边，没了熟悉的朋友和温暖的环境，也没了工资去

◎从虚荣骄纵，到无私感恩

养生，去买珠宝、衣服、美食……即使知道都是梦里幻事，恐惧也如潮水喷涌而来，直到结婚，这样的大恐惧来来去去四五次。

我列出条目，逐个击破恐惧的外界原因，感受丈夫和公婆对我的爱和呵护；再用信仰的力量，温暖宽恕恐惧，在一次次地和恐惧分离、沟通、温暖、宽恕下，在一次次的"我爱你，宽恕你，祝福你"中，终于她如烟云散去，心灵舒坦了，能消融恐惧的只有爱。

他给我的未必是我想要的，但是却是他能给的全部，他愿意去付出、照顾、承担我的未来，那我就要记着这份恩情，学会理解和包容。正如老师说："一个男人会如此爱你，愿意去负担你的一生，这个人就是你恩同父母的人。"

在大量学法下，法的光明和他的温度，温暖了我在感情上一直冰冷的心，我也逐步学会向他表达爱，慢慢地学会了爱自己、爱对方，学会接纳了他的全部，从而爱他的

♡爱是唯一不变的答案，永恒的终极答案

家人，爱自己身边的人。我们两人经常互相表达：我感恩你，我爱你……我会回馈他带给我的温暖，他的心灵越修越无私，这也是我要学习的地方。

婚后我奔赴天津。婚姻里琐碎小事很多。比如，以前三餐在学校吃，或父母做，或点外卖，现在却要自己做；我大学才学会洗衣服，现在却要分担一半家务；以前时不时逛街、画画、做手工、穿珠玉、设计改装衣服、养生、写诗文，这些习惯现在整个被打乱，身边除了丈夫和家人谁也不认识，出门还迷路……小我欲哭无泪，仰天长啸。但没事，大我有信仰就有光明！

2022年后，在老师的慈悲临在中，很多时候一句"宽恕你，我爱你，祝福你"就很有力量，然后挖掘出背后的记忆和恐惧索取等，宽恕这些动机，体验消融得比以前更快了。宽恕后，常常升起淡淡的感恩与柔软，特别温暖。

有的时候，对境来了，也不思维了，就直接学法。听

◎从虚荣骄纵，到无私感恩

着听着，脑子和心暂时和解了；读着读着，那些思想团团眼看着就融了，好舒服；抄着抄着，脊椎中散出淡淡安宁与轻柔，心灵清灵灵的，寂静处，每一划都是爱，每一笔好似光，融化着凝固的自己，增强着信仰的生命，真美好呀！有的时候，只仰望天堂，只看神的爱，习气体验就自然而然地自行消融了。

如果没有老师的教法，我一定是一个虚荣自私，贪财爱美，爱花钱，把身体看得无比重要，把人性获得当作标准的轮回鬼魅。现在经常整天都开开心心的，念着《梦》做菜，看着机器人扫地拖地，听着老师的声音消融习气。其实，婚姻可以很幸福嘛。

老师说，你们都是学习真理的灵魂，都知道去践行宽恕，都知道去爱自己、爱别人，所以这样的家庭一定会幸福的。

♡爱是唯一不变的答案，永恒的终极答案

■　爱永远都是付出的，不是索取的。

◎抑郁症成因

抑郁症根本的原因有三个,有三条。第一条,是不被理解。就是"我的心思你不能理解,没有一个可以理解我的人,我没有一个可以倾诉的对象"。就是人的内心的孤独感、无助感、迷茫感,还有这种迷失自我的这种困惑感,它是无法去倾诉的。无法去倾诉它就会累积,累积时间长了,它就会形成人格。

人格呢,因为他是诞生在这种迷茫无助的、孤单困惑的这么一种状态当中形成

抑郁症

的人格,那么在这个人格上看世界的角度就会有负面的。这是第一点,内心不被人理解,没有一个有效的沟通渠道,这是造成抑郁症的第一个原因。

第二个原因,是缺乏意义感。"我活着没有意义",缺乏意义感。

抑郁症可不是只有穷人才会得啊,恰恰相反,穷人不容易得抑郁症。因为穷人忙于生计,疲于奔命,他没有充沛的精力和闲暇的时间让他去抑郁。他今天抑郁了,今天就没吃的;明天抑郁了,可能就要饿死了。那么在饿死的这个结果和抑郁这个心理状态当中的话,我相信他一定会选择不被饿死。

所以说穷人反倒不太容易得抑郁症,抑郁是需要时间的,是需要时间和空间沉淀的。穷人很难得抑郁症,得抑郁症的一般往往都是有钱有闲的人。

一切生命未曾离开过爱
一切灵魂都归属于爱
爱未曾遗忘一人

第三个,就是这个人的心灵缺乏爱。不仅仅是别人爱你的感受,更重要的是这个人缺乏了去爱别人、爱世界的能力,这一点至关重要。

抑郁症就这三个条件:第一个,不被理解;第二个,没有意义;第三个,缺乏爱。

◎成因一：不被理解

什么叫"不被理解"？人类啊，人类所谓的互相理解，一定是理解人格。我理解你，你是一个什么样的人，你喜欢什么，不喜欢什么。你内心里面有什么样的困惑，你准备做什么，希望达到什么样的目的，你如何去做。在过程当中，我如何能够有效地帮助到你。人们所认为的理解，一定是建立在人格需求之上的理解。你今天不开心了，什么原因啊，对吧？你告诉我原因，我才能帮助你啊。

那么这种理解，它实际上是很难触及到抑郁症患者的根本的心理诉求的。因为抑郁症患者他之所以抑郁，之所以不被人理解，就是因为他渴望被人理解的那部分东西，

♡ 爱是唯一不变的答案，永恒的终极答案

是人格和意识、人间的道德价值难以触及到的那种深层的心理的情愫。

那个东西他自己都很难去把它说出来，因为没有任何具体理由，你知道吗？没有任何具体的原因，没有任何具体的理由，没有任何具体的事情，没有任何具体的表现。这是抑郁症患者一个共同的心理的基底，他的心灵底色就是一种想要倾诉，想要理解，但是自己却没有办法将内心的渴望诉诸于具体语言的这么一种状态。

人家把抑郁症称为"心灵感冒"。感冒它可能会有原因，但是感冒的状态你很难用语言去把它描述出来。你可以说"发冷发热，浑身打哆嗦，浑身不舒服"，你的这个"不舒服"它是概念，但是对方体验的不舒服他就是感受啊。那个感受它不可能仅仅是"不舒服"这三个字就可以囊括的。

所以抑郁症患者的心灵底色，心灵基底，因为它是难

◎成因一：不被理解

以通过语言诉说出来的心理的一种情愫和一种情绪，他们把它称为"精神感冒"，或者是"心理感冒""心理疾病"。

这种疾病它是一种真实的状态，这种状态它不可能或者说很难以概念和主观愿望的动机去将它凝固抽象，并且把它提炼出来，诉说出来。这就是抑郁症患者不被人理解。

但是他跟别人正常沟通的时候，别人觉得他很正常，为什么呢？正常沟通的内容一定是建立在心灵动机和意识相续之间的。"你吃饭了没有？""我吃过了。""今天有工作，做得怎么样？""我完成了。""今天发了多少钱啊？""发了六千五。"OK，这都是你心灵的认知和意识的分别可以触及到的概念，和概念能够连带到的一个人格的一个心理情绪的状态。你可以通过语言和意识把它描述出来，表达出来。

但是在抑郁症患者心中还有另外一个自己，是藏在黑暗的角落当中的。他那个自己就很难用主观意识动机和意

♡爱是唯一不变的答案，永恒的终极答案

识分别的概念去触及他，去描述他。他会无缘无故地陷入一种远离人间的孤岛上的，你看到这个人在人群当中坐着、站着、笑着、说话着，可是他的内心却是被远远地隔离在远离人烟的孤岛上面。

他看起来跟人群挨得很近，只有几米的距离，但是他的内心却跟这个世界离得很远，似乎这个世界没有办法触及到他，他也永远没有力量去融入到人群当中去。这个就是人的一种内心的不被理解，而且他自己也没有办法去将他的这种状态诉说出来的一种困惑。

抑郁症是一种非常可怕的"心理疾病"。它已经超出了"精神疾病"的范畴了，它是一种"心理疾病"。而心理这个层面，我们所说的精神就是我们的意识、我们的人格意志，这个就是我们所谓的精神。意识和人格意志就是我的主观愿望、我的心灵感受、我的人格情志，这个都属于精神体系。

◎成因一：不被理解

而精神体系和我们的意识思维处在心灵层面的表层，是我们心灵境界的表层。在我们心灵境界的表层以下，还有心灵境界的中层，甚至于深层。

那么，抑郁症患者的心灵，他的表层是健康的，跟正常人一模一样。但是表层之下，支持表层的人格意愿和心理诉求的那些情感体验的因素，发生了变异。这种变异直接就会导致他没有办法跟这个社会交融，没有办法跟其他人交流。

他所能交流的仅仅是人类生命境界能够交流的部分：我的情感、意愿、动机，我的意识、思维、概念，我的主观意识意愿。这是可以交流的，但是超出于主观意识意愿的，内在的心灵的深层自我体验，却是他的人格意愿很难提炼出来的东西。

那个东西就好像是，我给你们举个例子，你们能明白。就好像是你的身体里面有了炎症了，它是一种病毒、细菌，

♡爱是唯一不变的答案，永恒的终极答案

炎症嘛。可是炎症的表现却有多种多样的，口腔发炎了，眼角膜发炎了，淋巴肿大了，然后是身体什么地方风湿了，什么地方局部肿痛了。炎症表现有很多种，千百种，但是炎症的原因只有一个，什么呢？就是你的自身免疫力降低了。

那么抑郁症患者心灵的基底，心灵的底色，就是他心灵的免疫力降低了，而被那些构成人格人性的微观的情愫、负面的情愫给制约住了。

这是第一条，不被理解，而且也没有办法被人理解。他没有办法诉说出来，别人怎么能理解呢？因为这种理解必须得是超出于人类生命境界之上的，才可能穿透人格人性的这层屏障，看到构成人格人性的因素的根本的真实的状态，你才可能去将他从炼狱当中救赎超度出来。

他被人理解了，他才能够去将自己内心的这种情愫诉说出来。他如果遇到一个不理解的人，比如说跟他最信任

◎成因一：不被理解

的父母说"我最近觉得活得没有意思呀，我最近觉得就生活很空虚很无聊啊，我干什么没有兴趣呀，我觉得自己没有办法融入到这个世界，没有办法融入到学校，没有办法跟朋友交流自己的内心状态"。父母的概念就是什么呢？"无病呻吟啊，你这属于无病呻吟的状态，找打。把你饿上三天，你什么都好了。"给朋友去诉说的话，朋友就说是"你这闲着没事了，咱们去喝顿酒，吃一次烧烤就什么事都没有了，如果还不能解决的话，吃两次。"

人们只能解决你能表达出来的东西，你知道吧？人们没有办法解决你无法表达出来的那个内心极深层次的情愫构成的那种心灵的体验。

第一阶段构成抑郁症患者心灵基底的，就是心灵情愫当中负面的这种感受和感知力。因为它是负面的，所以说它在负面的这种内心情愫和感受当中形成的人格表现就变成了消极的、负面的，甚至于对这个社会是抗拒的。

■ 我来理解你,我来给你承担。

这是抑郁症患者的第一条因素——不被理解。而且他自己也没有办法将自己的困惑表达出来,因为情愫是没有办法被意识所提炼的。意识只能提炼出来体验——"我体验到酸了,体验到疼了,体验到累了。"意识只能提炼体验,意识不能提炼情愫,你知道吗?

◎成因一：不被理解

就是当我感受到，莫名其妙地感受到这个世界对于我失去了吸引力，我对这个世界没有任何兴趣的时候，意识只能知道发生的这种状态，但是他没有办法把它提炼出来——"为什么？什么样的原因形成的？"意识是没有办法触及到情愫深处的那个因素的。意识只能提取体验，他没有办法去提取心灵感受深层情愫的那个原因的。

所以意识对于抑郁症患者的"不被理解"和远离世界的孤独感，是没有办法去帮助他，没有办法触及他，没有办法缓解他，也没有办法给予他安慰的。所以抑郁症患者往往到后来的话都需要药物治疗，为什么呢？心理辅导师对你没有办法。

因为语言啊，人类的语言一定是意识和心灵动机的表现，而意识和心灵动机是没有办法触及到心灵动机深层的，心灵动机背后的那个构成心灵动机的情愫的因素的。

所以说心理辅导能起一定的作用，能在当下缓解一部

♡爱是唯一不变的答案，永恒的终极答案

分，但是它不可能除根的，不可能除根。所以到了后来的话，抑郁症患者都要服用大量的药物，抗抑郁的药物，试图通过改变人体内在的化学元素的这种成分，从而改变精神领域的状态。这种对于这个肌体的损坏是非常强烈的。

◎成因二：活着没有意义

抑郁症患者的第二个状态是什么呢？缺乏意义，"我活着没有意义"。这个就是基于第一种，就说是没有办法被人理解的，而且自己也没有办法去描述这种不被理解的状态的，形成了一种内心与世隔绝的孤寂和无助感的延续。它投射在人世间的人格意识上面，就是觉得"我自己活着没有意义"。不是没有价值啊，没有意义。

没有意义，你们明白这个概念吗？就是我做什么都是无足轻重的，我做什么，这件事情本身是可有可无的。无论我做好事还是坏事，这个世界对于我没有任何的看重。就是我所做的一切和我所存在的一切，对于这个世界来说

♡爱是唯一不变的答案，永恒的终极答案

是像视如空气一样。就说我的存在本身是没有意义的，是无足轻重的，是被人忽视的，是被这个世界遗忘的。实际上这就是内心的那个不被理解的这种孤寂感，通过人格意识投射在人间的一种表现。

但是我今天跟你们说句话啊，抑郁症患者觉得他自己不被理解，觉得他自己活得毫无价值、没有任何意义，这件事情从究竟的生命实相来说的话，它是"真的"。他说的"我觉得我自己活得没有意义"，这件事情是真实的，这个不是他主观想法啊。

因为我是修行的人，修行的人他是横跨神人两界的生命。那么站在这个修行成就的高度来看人间，人间活着的每一个人都没有意义。因为意义这个东西，它一定是相对比而形成的价值。

你们明白吗？平常的话我没有工作，然后我在那个马路边看蚂蚁，在那跑来跑去的。然后别人会说这个人每天

- 你不会孤单。
  你与爱同在。
  我们爱你,赞美你,拥抱你。

生活毫无意义,为什么呢?这个意义是通过别人创造价值而比较出来的。

但是如果这个人知道我的身份,是一个研究蚂蚁的世界顶级科学家,那么我去每天闲着没事干,趴在地上看蚂蚁这件事情,就有了重大的意义。你知道吗?"意义"这

♡爱是唯一不变的答案，永恒的终极答案

个概念一定是通过比较而来的，通过比较而形成了所谓的意义和价值。

这个抑郁症患者认为他自己活得没有意义啊，还不是通过跟别人比较而来，而是他内心的这种负面的生命情愫，投射在人格、心灵、意识之上的一种具体表达，一种具体状态。

但是这种状况在我来看的话，我认为是对的。我认为抑郁症患者认为"自己活得没有价值，没有意义"这件事情是对的。为什么呢？因为每一个生命的灵魂，每一个啊，我说的是每一个人间生命的根本的实相，都是天堂。那个才是意义，那个才是价值。

因为人先天的灵魂啊，他是无尽的幸福，无尽的光明，无尽的富足和无限的喜悦。他是不会变易，不会改变的。他不与世界相对，而就不会被任何相对的事情所分别。这句话人类很难去理解，就好像是你的眼睛看到世界的那个

◎成因二：活着没有意义

清澈，他不会因为你看到的世界的景象的变化，而改变了这种清澈的性质。

地上每一个灵魂都是因为遗忘了生命先天灵性永恒的完整幸福，而成为了现在的人格自我。你的人格自我在人格的自我体验当中，忘记了自己先天永恒不灭的幸福和庄严伟大的光明。人往往会错愕，人往往会困惑：我为什么到这个地方来，我活着的意义是什么？我突然间感觉到自己人生的存在没有任何意义和价值。这种感觉是对的，只是没有人指导你它为什么是对的。

站在人世间这个层面，都认为你吃饱了撑的。站在我的角度，我认为这是你觉醒的契机，否则释迦牟尼佛就不会出家了。

抑郁症患者就是：第一个，内在不被人理解；第二个，觉得自己活得没有意义，人生没有价值。这两者恰恰是升起来渴望见证自身本来面目的那个基础——对于人间的厌

♡爱是唯一不变的答案，永恒的终极答案

离心，对于人生的出离心，对于真理虔诚的追寻心。

我认为抑郁症患者，他这种心理疾病，对于一个灵魂来说，恰恰是他灵魂觉醒的一个绝佳的契机。因为你真的不是这具身体。

我觉得特别可惜，你知道么，我觉得去世的这一位女星特别可惜，我是可以救她的。她如果要是，真的要是能再等一等，等人将我的录音，将书籍送给她。她能够认认真真地听，大概她不需要很长时间，需要两三个月、三四个月，她的这些陷入绝症的，无力自拔的，只能躲在阴暗角落默默等死的那个孱弱的灵魂就会见到光明。

当灵魂见到了天堂的光明，她就会苏醒对于天堂的生命的记忆。当天堂的记忆开始复苏了之后，人间的这个自我就失去了存在的价值了。

刚开始你在抑郁症的时候，你是认为这个自我没有价

◎成因二：活着没有意义

值。而当你自己的生命开始苏醒了之后，你会发现这个没有价值的自我真的没有价值了。因为你真正的"你"是不可能被价值所衡量的，祂是无限的，祂是永恒的，祂是光明的，祂是幸福的，祂是不会被任何生灭来去的心意和形体所改变的，祂是不死的。

这就是修行的人为什么可以转抑郁的这种心态成为成道资粮的根本的原因。因为我认为抑郁症，在人世间患抑郁症的人是一个非常难得的生命觉醒的契机。换句话说，我认为人世间所活着的一切灵魂，都是处在这种死广的迷茫黑暗当中，只是你自己不知道而已。

我真的不知道人间有何意义。你看啊，意义它一定是相对而产生的。假如说你的生命能活十万年，在地球上现在科技发达了，十万年，你今天做的一切都有价值，都有意义，每一步都有意义。为什么呢？因为你的生命，十万年的生命，未来九万九千九百多少年，未来还有这么长时间，每一段时间都有可能翻身的。你十万年的寿数足够你

♡爱是唯一不变的答案，永恒的终极答案

干很多事情的。你现在拥有的一切的财富、努力、工作、学历，都变成了你十万年生命当中的资本。你可以无限地扩大，无限地增长，你可以创造无限种人生，你可以体验无限种人生的不同的这种心理和情感、肉体的状态。这个还勉强能算得上意义。

十万年的人生，虽然你体会到的痛苦永远大于幸福，但是它毕竟有一个能让你体验痛苦和幸福的足够长的空间存在吧？可是你的寿命，人间的寿数，撑死也就一百年到头了。那我就实在是不知道一个八九十年、七八十年的那个寿数，你现在所谓的这一切，在很快，在转瞬之间，转眼之间，就会陷入分崩离析的死亡状态的这个所谓的事业，对于你的灵魂究竟有何意义。

就像是孩子在那个沙滩上堆的城堡一样，你把它当成玩具是可以的。你花四个小时堆了一个沙滩城堡，一会儿涨潮了，这个城堡就被冲掉了。你把它当成游戏是可以的，玩嘛，对吧？但是你要是把它当成住家，那就完蛋了。你

◎成因二：活着没有意义

要是想在沙滩上盖一个城堡住进去，把你的老婆孩子都带进来，那你就纯属是有病了。

沙滩上是没法盖房子的。所以说在人间去追求所谓的事业成功啊，家庭幸福啊，幸福安乐啊，和那个沙滩上的城堡性质是一模一样的——转瞬即逝。

沙滩城堡的寿命可能是四个小时，你的人生也就是七八十年，转瞬即逝。可是你的灵魂不会死啊，那个盖城堡的孩子，城堡摧毁了之后，他可以回家找他妈洗洗睡觉了。你呢，你这七八十年的人间的城堡／沙堡，被死亡的海水淹没了之后，你能去哪里？

所以说我认为那些抑郁症患者觉得人世间没有价值，没有意义，这件事情是对的。因为这本身就是生命的实相。但是他们只是缺了一样东西，他们不知道什么是真的，他们只知道现在活着的这一切是假的，但是他们不知道什么是真的。也就是说，当海水把沙滩上的城堡摧毁了之后，

♡爱是唯一不变的答案，永恒的终极答案

那个孩子不知道家在什么地方，那他就很凄惨了。

当死亡来临，带走你今生的身体、财富、情感、容颜，带走你的幸福和一切对于自我的体验了之后，你的灵魂将要去哪里？这是你不知道的事情，所以你就会陷入恐慌当中。

第二个抑郁症患者的状态就是活着没有意义。那是因为他不知道什么是真正的意义。真正的意义对于生命来讲，就是回归天堂。因为天堂比人间要真实，人间刹那不停变化着。

你的这具身体刹那不停地在走向死亡，八九十年之后，你就是地上的一具枯骨，或者说那个焚化炉里面的一捧骨灰。你现在的房子车子，妻子孩子，你的情人，你的银行存款，和那堆骨灰一点关系都没有。所以说现在的一切也和你一点关系都没有，因为你注定是那一捧骨灰。

◎成因二：活着没有意义

这是我告诉了你人世间没有价值，没有意义，但是没有人告诉你人间的价值在哪里。人间的价值就是借助你有身体、有意识、有心灵体验的这个阶段，听闻真理，苏醒你生命当中被你的人格意识和心灵的心识掩盖了亿万年的那个灵性的天堂，那个才是生命永恒不灭的，真实不变易的，永远幸福的实相。这才是人世间每一个灵魂应该觉醒的价值和意义，那就是回归天堂。在活着的时候，就让自己天堂的生命从身心自我当中苏醒过来，这是你活着的唯一的意义。

当天堂在你生命当中苏醒的时候，你内心的内在的那种负面的，难以描述、难以提起、难以叙述、难以理解的那些情愫感受和心灵深层次的自我体验就会荡然无存。因为那都是生命累积的业力，这都是生命在生死轮回当中对黑暗的记忆。它掩盖了你的心灵对于光明的天堂的记忆。那么光明没有了，那就只剩下黑暗了。那么黑暗成为你的时候，你的抑郁症就是不可救药了。

♡爱是唯一不变的答案，永恒的终极答案

　　反过来讲，当天堂的光明透过你的心意，照进心灵体验的时候，你心灵体验深处构成体验的那一些对于黑暗的记忆，就会被光明的天堂之光所驱散。当天堂之光驱散了情愫和生命的黑暗记忆的时候，你的抑郁症就瞬间康复了。

　　我的这个教法当中对于抑郁症的治疗是百分之一百的效果，但是需要时间。有的人可能很短，两三个月就能康复了。有些人患抑郁症的时间很长了，长达几年、十几年，那么他可能需要几年的时间，一两年的时间，三四年的时间才能康复。

　　但是有一个先决条件，就是我这个教法治疗抑郁症有一个先决条件：你们要相信神的存在。如果你是无神论，我救不了你。你必须得要有一个先决条件，就是对于这种生命……就是你要换另外一种角度去看生命。你不能以你现在现有的人类的科学技术去看生命，而要以觉悟者的角度，以理性思辨的角度去看待生命。

◎成因二：活着没有意义

在我的心中，在我的眼中，在我的智慧中，生命是不会死亡的。因为实际上你现在就没有活着，你现在的这个身体啊，你现在这个身体就是假的，就没有真正活着的。

我们这个身体是由细胞构成的，细胞以下有蛋白质，有核酸，有 DNA，往下还有什么分子、原子，一直可以追查到夸克。夸克啊，在科学上面的话，就没有办法证明它的这个……就是现在还没有科学技术探测到夸克这种微粒，科学家只是通过对物质观察的这种表现，推测有一种宇宙微观的基础能量叫夸克。

夸克在五十万分之一秒就生灭一次，就一秒钟，它要生灭五十万次，一秒钟之间它是生灭五十万次。也就是说你和我的身体，我们的这个心识，我们的这个感受，我们的内在体验，我们人格自我的认知，我们的意识和记忆，在一秒钟之内就经历了五十万次的生与死。

是五十万次刹那生灭的紧密的生死相续，表现出来了

♡爱是唯一不变的答案，永恒的终极答案

我们的细胞的运行，我们的思维的运行，我们情感的体验，我们感受的相续。明白吗？你和我都是刹那之间生灭相续的因缘，表现在人世间的一个状态而已。就好像是用沙子构成的人，你去微观当中观察那个沙子里面没有任何一个人的形象，只是那个沙子形成了一个人的状态。但是你把这个状态去微观下观察，所谓的这个人的状态根本不存在的。

那么，对于抑郁症患者来说的话，你对于这个世界的认知，就要以佛法的角度去认知，而不要以你站在人世间学到的这些观念的角度去认知：觉得这个人就是父母生的，受精卵变成了胎儿，然后生下来，然后成长，然后死去。不要这么认知。

要改变抑郁症患者的一个基本的条件，就是要改变他的人生观，让他学会以智慧的角度去看待人生。因为人的心灵体验是跟着认知走的。就好像天空当中的云彩，是跟着风走的。

◎成因二：活着没有意义

当一个人很渴的时候，他想喝水，你递给他一杯水，告诉他"里面有氰化钾，喝了必死"，他虽然很渴他也不敢喝，知道吧？这就是认知决定体验。如果你告诉他"这杯水虽然看起来很浑浊，但是里面都是高营养的这个物质，很好喝"，虽然那杯水看起来很难喝，他也会把它喝进去，这个就是认知决定体验。

♡爱是唯一不变的答案，永恒的终极答案

◎成因三：缺乏爱

第三个，就说是缺乏爱，就是抑郁症患者的这个内在啊，缺乏爱自己和爱世界的能力。实际上被别人爱啊，对于个体生命来说的话，别人爱自己啊，你的体验感受是很小的，很少。因为这个爱和被爱之间有一个付出，有一个受体嘛，对吧？就是接受爱的这一方，实际上对于爱的那种体验，它并不深刻的。

因为爱一定是表现，明白吗？爱一定有表现的，我说出来"I love you，我爱你，你是我的生命"，我天天抱着你，亲吻你，我天天给你带好吃的，我舍不得穿，舍不得喝，我将我最心爱的东西送给你，这都是爱的表现。

◎成因三：缺乏爱

爱一定有表现吧？这种表现一旦形成了具体的语言、形态、行为，就已经大大减缓了爱的纯度了。可是付出爱的那一方，对爱的体验是非常强烈的，甚至是百分之百的。因为付出爱的这一方的对爱的付出……一定一定啊，记住了爱的核心是什么东西呢？是无私的，有私的不能称为爱，有私的那个是一种交换，情感交换。

我看到一个女人很漂亮，我一心想跟她滚床单，然后我给她买了很多礼物，天天送鲜花，我的目的是为了睡她。你能说我的这种表现形式是爱吗？那个叫欲望，你知道吧？

相反，你的孩子，从你肚子里出来的孩子，你为他做的一切绝对没有索取，绝对不可能有索取。他大半夜蹬被子了，你就算再累再困，你也要闭着眼睛，摸那个毯子把它盖到他身上，那都是下意识、无意识的，那个叫爱，你知道吗？

♡爱是唯一不变的答案，永恒的终极答案

爱的核心一定是无私的，爱的核心一定是无求的。无私无求的付出，那个叫爱。正因为是个无求无私的这种单纯的付出，付出的一方对于爱的这种体验会非常的深刻和强烈。

爱本身也是没有办法提炼的，就像抑郁症患者内在不被理解的孤独感、黑暗感是没有办法被提炼的一样，真正爱的那种力量也是没有办法被意识和语言提炼出来的。换句话说，只有爱可以抵御抑郁症患者内心那些负面的情愫。因为它们是同等空间的因素，都是意识和心识所无法触及、无法提炼、没有办法去改变的心灵情愫的境界。

只有爱可以真正地救赎、改变、康复抑郁症患者的心灵负面阴暗的孤寂感、不被理解感、疏远感和没有意义感，只有爱可以。

■ 当一个人在内心的体验当中，感觉到越来越多的别人的爱、别人的肯定，他就会变得很自信。

当一个人在心灵体验当中感受到别人的宽恕、接纳、温暖，他会越来越安全。

那么这种爱，在人世间怎么表现呢？两种方法。第一个，被人所需要。

我跟你们讲啊，我很少听到有妈妈——带着孩子的母亲自杀的。有，有这样的情况，但是很少见。为什么呢？因为孩子需要你。因为你牵着的这个孩子，他需要你养活

♡爱是唯一不变的答案，永恒的终极答案

他，他的稚嫩的小手牵着你，牵着你的手，仰起头叫你"妈妈"的时候，你身上是有责任的。

哪怕你真的说是去捡垃圾呢，我说个不好听的话，当失足妇女了，我不认为一个人为了养自己的孩子，她做这些事情有多么地可耻，我真不这么认为。可能我这个人的人生观和道德观跟别人不太一样。我喜欢真实的东西，我特别讨厌这种道德君子。

二战的时候啊，二战的时候有一个真实的事情。好像是德国兵攻占了波兰，还是苏联，他们抓到了一个年轻的母亲，那个母亲还在……这个孩子可能刚几个月大。然后那个母亲为了她自己的这个孩子，不被这帮德国兵伤害，好像让二十多个德国兵蹂躏，但是这个母亲不反抗。最后结果好像这个母亲，因为这件事情就活下来了。那些德国兵虽然是禽兽，但是他们还是把她的这个孩子和这个母亲，让他们活命了。

◎成因三：缺乏爱

这要放在中国古代，那就完了，这个女子的贞洁被破坏了，应该死无葬身之地的。我认为这种观念啊，这种观念才叫禽兽不如，你知道吗？他们连最基本的人性不尊重，就所谓的"存天理，灭人欲"。可是你们却不知道"存天理，灭人欲"的这个"人"，却跟他的儿媳妇苟合了，还让两个尼姑怀孕了。你们觉得可笑不可笑呢？

我们在人世间作为一个活着的人，我们遵纪守法是应该的。但是对基本的人性和人格的这种尊重，更应该。不要被这种所谓的道德观念而毁灭了做人最基本的良心和人格。

那个母亲为了自己的孩子不被杀害，情愿被那些禽兽们蹂躏。她为了保护自己孩子的生命做出的一切，我认为这个母亲非常伟大，你知道吧？我认为这个母亲非常伟大！太厉害了，这才是母亲啊！

我不相信这样的母亲，这种为了孩子可以去承受这种

♡爱是唯一不变的答案，永恒的终极答案

非人凌辱的母亲，她会患抑郁症，绝无可能，为什么呢？因为她内心的爱大过于对她自我存在的保护。一个爱别人超过爱自己的人是绝无可能患抑郁症的。

你们记住我这是真理。一个内心爱别人超过爱自己的人，这辈子与抑郁症没有缘分的。抑郁症永远不会找到你的，因为爱是抑郁的克星，就像光是黑暗的克星一样。

抑郁症患者要是不遇到真理，仅仅是在人世间这种依靠人间的道德伦理和医学手段去治疗，仅仅能起到缓解的作用，去不了根的。但是如果说他要是能听法能学法，能在内心里面体验到什么是真正的爱、无私的爱，他的抑郁症可以不药而愈。

我从来不相信一个内心里面有爱的人，爱别人、爱社会、爱其他的人超过自己的人会得抑郁症，绝无可能性，连0.001的可能性都没有，绝无可能。一切患了抑郁症的人，都是因为内心失去了爱的能力。

◎如何疗愈抑郁症

那么解决方法有两种。第一个，找到被人需要的价值和事情，被人需要。哪怕你去救助一下流浪猫、流浪狗呢。去救助啊，不是让你去养，你养的话我估摸你也养不起。因为流浪猫、流浪狗那个费用很庞大的。

既然你都不想活了么，对吧？那么你每天那些生活费你拿出来，每天比如说你这个买饭的钱三五十块钱，你拿出来四十块钱买份猫粮狗粮，去给那些流浪猫、流浪狗送过去。你都快死的人了，你怕什么呢？你都不想活的人了，你为什么不能拿出来你的钱，让别的动物活得更好一点呢，对不对？你连这点肚量都没有吗？你都快死了欸，你都不

无论你是谁,无论身处何方,
无论遭遇什么,或者承受何种痛苦,
重复记忆这句话:
你所希望的,永远都有可能发生。

想活了欸,你要那么多钱干嘛呀?去救助其他的生命,让你的卑微的存在活得稍微有那么一点点的光明。被别人所需要,是救助抑郁症患者的其中一种方法。

第二个,祈求神的赐福。为什么绝大部分科学家,绝大部分社会上有成就的人,到晚年,尤其到了60岁之后,都去信仰宗教了?因为他们在人世间的丰富的经历和阅历,他们通过几十年的思考和体验,他们通过他们的观察和反思,确定了人世间很多事情是没有办法通过人力完成而完成的,这就是神迹。他们通过自身的经验,生命的足

◎如何疗愈抑郁症

够长的时间的这种对比和反思,他们知道命运是存在的,那么就一定有一个安排命运的人。所以他们就选择了信仰上帝,或者选择了信仰如来。

当一个人的内心对于神——是真正的神,真神,产生了信仰的时候,你内在被你的人格和心识的自我,所掩盖了百千亿万劫的那个灵性的天堂,就会似曾相识般地,恍如隔世般地,在你生命深处苏醒过来,因为天堂就是神的身体。

当你的心意去信仰神的名相的时候,你内在的那种不由你控制的那种生命细胞当中的安宁感、纯洁感,那种兴奋感和喜悦感,就会不由而然地在你意识、体验、情绪,包括每一个细胞的觉受当中苏醒过来。

当你生命本具的天堂的光明,从你这具身体的细胞和意识,心灵的记忆当中苏醒过来的时候,你的抑郁症的自我的这些情愫,那些对于生命黑暗的记忆,他们就会自动

♡爱是唯一不变的答案，永恒的终极答案

消散了。这是第二种方法，对于神的信仰可以驱散抑郁症。

神是真实存在的，比人类的存在要真实，真实得多得多，因为神是不变易的。神是不改变的，神是永恒的，而且神是完整的。祂不存在一个我和世界的关系，而是一切世界和生命都在神之中，而神的完整和光明不会被世界和众生的心识分别所割裂。只是众生被自己的心灵和意识蒙蔽了生命当中蕴含的天堂之光，而成为了陷入抑郁困惑当中的你自己。而你的本来面目就是永恒无尽的爱和光明，那就是天堂。

就是让抑郁症患者能够去信仰天堂，告诉他们天堂比人间更真实，神比人类更真实，让他苏醒起来他生命当中原本天堂的光明、永恒、幸福的那个境界，抑郁症也能康复。

抑郁症是人的心识深处对于黑暗的记忆，形成了黑暗的屏障，而阻隔了心识和意识对于光明的记忆，他就会投射出来黑暗记忆当中，在人格当中的状态，那就是厌倦，

◎如何疗愈抑郁症

毫无意义，失去爱，包括失去了生存的能力。

抑郁症患者到了后期呀，连呼吸都成困难的。这是我真真切切地体验过的，不是我有抑郁症，是我进入到抑郁症患者的，他们的心识的深处去。他们每呼吸一次就像是背负了千百斤的那个麻袋一样，很困难。为什么呢？他们的内在没有支持灵魂的光芒了，而灵魂就会被自己灵魂背负的累劫的细腻的习气和妄想，带入到黑暗的困境当中去，他们的活着的每一分钟每一刹那都是巨大的折磨和煎熬。

我跟你们说的是真实情况，你们不了解抑郁症患者的那种痛苦，我了解的。他们真的活的每一分钟每一秒钟都是在经受着巨大的煎熬，那是一种心灵上的绝望痛苦，连呼吸的每一次都是极度的艰难，极度的痛苦。所以他们选择自杀，以此了结这种绝望无尽的苦难。

那是因为他们遗忘了自己生命当中圆满光明的天堂，而被生命对黑暗的记忆带入了这种绝望无助的深渊之中。

♡爱是唯一不变的答案，永恒的终极答案

所以我们要做的事情就是将天堂的光明向他展现，让他的灵魂能够透过他的意识人格看到他生命原本的样子。那么当他的生命对于真理产生渴望了之后，他的灵性在真理当中获得了苏醒之后，他的生命本具的天堂之光自然绽放了之后，一切黑暗的记忆当下被消除，他就是一个健全的人格了。

  一个抑郁症患者，无论你陷入抑郁症的时间有多长，境界有多绝望，状态有多痛苦，内在体验有多煎熬，你相信我，相信我，只要你听我的讲法录音，只要你坚持地听完，你的灵魂将会焕然一新。因为我会将你的灵魂送往天堂，你一定会康复的。

◎大学生直面躁郁症黑洞（上）

案例

◎大学生直面躁郁症黑洞（上）

关于心理疾病的一点点感想：一定要真实——真实面对自己的内心，真实地向家人表达自己的情绪与想法，真实向真神袒露自己的心灵。

前几天晚上临睡前看到一个几分钟的电视剧解说，是美剧《摩登爱情》第三集，由大美人安妮·海瑟薇主演，在剧中她是一个患有躁郁症的女孩，也深深地渴望爱与被爱，但是因为自己的疾病，她的情绪时而热情高涨如同阳光照耀大地，时而抑郁绝望连门都出不了，只能蜷缩在被窝里，导致爱情的小火苗刚刚点燃就痛苦地熄灭。

♡爱是唯一不变的答案，永恒的终极答案

多年来，她从来没有向身边人透露自己的疾病与痛苦，直到影片最终，她向自己的女上司诉说了自己的心声，并打电话给所有的亲朋好友，解释自己对他们的逃避与伤害，在真实袒露的同时也迎来了理解。

除了严重的身体疾病以外，我也同样患有躁郁症，也叫双向情感障碍。好的时候我漂亮可爱，躁狂的时候我变成大脑不转弯的疯子，抑郁的时候我自怨自艾，自责自伤。

我理解那些白天戴着微笑面具的抑郁症、躁郁症、焦虑症病人，他们中的很多人看起来或许很阳光乐观，但是背对人群时内心却一片荒芜，他们不愿也不敢面对心灵的黑洞，那里面冷不丁就跳出来一堆吓死人的大怪兽，随时准备吞噬他的灵魂。

但是最重要的理由是，他根本不知道怎么面对，没有力量面对，因为这不是一世的痛苦，不是心理医生说的什么原生家庭带来的伤害，而是累生累世积攒的灵魂之痛，

◎大学生直面躁郁症黑洞（上）

是状似从天坠落的巨大恐惧感与不安全感。

在无力面对的时候，逃避与对抗是本能，逃避会使得黑暗越来越强大，对抗则将本不存在的黑暗当真，持续地陷入在痛苦中无法自拔。

他们不知道这个世界上还有另外一条路叫"真实面对，与爱相伴，心向真理"。

往往，我们在处于痛苦时，不愿意将自己真实的一面展露人前，我们会伪装，会敷衍，会躲起来，会甩门而出。

"我没事，我很好，我一点也不生气，我一点也不难过，我心大得很……"

其实暗地里可能已经要爆炸了。

我自己以前也有这个毛病，但是从去年开始以来我一直在努力改变自己，尽量真实地面对自心。

比如说，我的嫉妒心很重，但是最可怕的不是自己有嫉妒心，而是嫉妒却又不敢面对，让头脑自动合理化解释

♡ 爱是唯一不变的答案，永恒的终极答案

自己的嫉妒，隐瞒自己的嫉妒，远离让自己感觉到嫉妒的环境。

后来我选择努力直面，从被嫉妒折磨得很痛苦，陷在里面，到能立马觉察到，看到了就允许嫉妒流经，看到了就立马说出来，看到了就拥抱宽恕它。

我选择面对心里的大毒蛇，多次放下一切，闭上眼睛敞开双臂，允许它扑向我，噬咬我，把我咬成碎片，我也只是温暖地拥抱着它，逐渐逐渐在敞开的心扉中，它的力量也越来越弱。

我不是情感的痛苦，我是爱，是宽恕，是接纳。

另外一种强大的情绪则是愤怒，我时常上一秒还好好的，下一秒就被巨大的汹涌澎湃的愤怒扑倒在地。在没有得这个病之前，我不是这样的，我也憨厚，大方，情绪稳定，充满友爱。

◎大学生直面躁郁症黑洞（上）

但是现在怎么办，它是我的业我的缘，它已经来了，我变得不再是我。这一刻，我不是天使啊，我就是魔鬼。

你能想象一个漂漂亮亮的小姑娘，下一秒突然就情绪爆炸坐在商场门口嚎啕大哭，浑身抽搐，见到人就用恶狠狠的目光看着对方吗？这种人，你遇到了只能大喊一声"疯子啊"，然后赶紧逃跑。

我会告诉自己，我只是专注地倾听，愤怒犹如哭闹不休的孩子，而我，是这个孩子的母亲，不是它的敌人，我需要用全部的注意力去倾听孩子的痛苦与委屈。用柔软的心拥抱它，照顾它。当我微笑的那一刻，我已经与它分离。

我会告诉自己，我是全然的允许，我允许愤怒肆虐，就好像化身一张大大的渔网，上面有无数的洞眼，允许海水流过去吧，而不是挡着它。

慢慢地，几分钟后，压力开始减轻，愤怒开始缓和。

♡爱是唯一不变的答案，永恒的终极答案

最后就是默念"宽恕你，祝福你，我爱你"，张开手臂，拥它入怀，融化于爱。

但是直面和爱的基础，是对祂的虔诚，我一个弱不禁风的人类，哪里有力量可以与累世的冤亲债主抗衡？唯有虔诚，唯有出离，唯有学法，唯有信赖真理。依旧是想起《慈悲》讲法中的那段话：

"所以说作为一个真正修行的人，要走我这条道路，走一条宽恕成就的道路，就是将真理的爱和完整的宽恕融到自己生活当中去，去宽恕自己的恐惧，去接纳自己的习气，去以爱的这种接纳和包容去理解自己的罪恶、小气、拒绝、贪婪、妒忌、仇恨、残忍，去理解自己内心的小心眼，去理解自己内心的这种冷酷和痛苦，去用真理的纯洁温暖的爱去包容自己，宽恕自己，温暖自己，接纳自己，理解自己，拥抱自己，直至当你的心温暖了，融化在真理的无限的、无边际的、无终结的纯净的光明之爱，永恒的温暖和接纳之中的时候，你自然而然就可以将这种接纳的温暖

◎大学生直面躁郁症黑洞（上）

推恩到你身边的每一个人，这个叫慈悲救赎。久而久之，你内在的知觉灵性就会通过你内心的平安与温暖的爱展现出来，当你内心的心识被真理的爱所接纳了，所温暖了，所宽恕了，你内心的心识的恐惧，这种习气的体验他就会慢慢地分解。"

现在在痛苦的时候，我也尽量能对家人说出来：我很痛苦，我感觉很愤怒，但是我正在努力了，我正在觉察和拥抱我的情绪了，请你抱抱我，摸摸我的手，让我自己安静一会。

在头脑中过去的画面闪现，想起那些伤害过我的人时，假如我很委屈，我允许自己自然地哭出来，我或许会大喊："我讨厌你们，我恨你们！"

但是同时，我觉察着自己的哭诉，我知道这不是单纯的发泄，再然后，我允许自己的恨意流淌，并拥抱它们，宽恕它们。

♡爱是唯一不变的答案，永恒的终极答案

外界的敌人与自己内心的仇恨情绪是一体的，当我的仇恨情绪逐渐消失的时候，我对那个人的感觉也消失了。或许下一次它还会来袭，那就准备好继续迎接吧，总之，我有办法的，不是吗？

在平时的时候，就经常想一想咒语：

我是被爱着的，我是被深深爱着的。

案例

◎ 大学生直面躁郁症黑洞（下）

读法一个多月了，无论是身心细胞的净化，习气欲望大面积的瓦解，还是灵魂曾经蕴含的下三道体验的转变，都很惊人。

最近每天早晚大声读法，除了自己的改变，也潜移默化带动了家人，让他们很有信心。

看着我的变化，妈妈也开始读法。休息时候我们还会互相交流，随着《心性天堂》讲法的推出，我也会向她时时曝光、忏悔、袒露自己，逮住小我，不跟她跑。我们互相间的交流和曝光使得修行在生活中进一步落实。

♡爱是唯一不变的答案，永恒的终极答案

我身体上因为生病，肌肉萎缩了十几年，读法的一个多月居然长出了肌肉，撸起袖子和裤腿就能看到新生的肌肉线条，捏上去是结实有力量的。

很多年不怎么能吃东西，吃点点就胃痛得厉害，读法后突然能吃了，经常可以下肚个大大的肉包子。

虽然这种变化很肤浅，很表面，但是关键不在于执着表面的变化，而是与此同时建立起对天堂的感恩感激，对天堂那一念的感恩和期许，就是天堂与我们同在。

老师无比慈悲，祂像对待小小小小小毛孩一样哄着我们。

"'我昨天吃到个包子，那个包子味道非常好，这个是我学法之后获得的福报，过去因为我没有味觉，现在学了法之后，我吃包子有福报了'，没问题。你吃到包子，感觉到包子香的这一念头，从而形成了对法的感激和信任，

◎大学生直面躁郁症黑洞（下）

没问题，这个信任就是我救你去天堂的机缘。"

"只要你对祂升起一念，哪怕一个不经意的念想，'哎呀，老师的这个法好像听起来挺舒服的，这两天我睡眠变好了'，这一念，就是天堂伸向你的橄榄枝。跟着这一念走，你的灵魂会回归到，那个永恒温暖，永恒光明，永远不会黑暗，永远不会经历死亡与痛苦的极乐圣境。"

"只要你对于真理产生一丝的信心，那个就是我拯救你灵魂的开始，天堂只是救赎与爱，没有惩罚。"

——《如来（下）》（2023-07-26）

还有读法后大块习气的脱落，以前怎么想用自己的意志力、自制力、自律，去改掉的毛病、惯性，在读法中就轻轻松松莫名其妙地没有了。

例如以前爱乱花钱、爱逛街，内心始终处于一种不满足状态，希望用外在的东西来填满这个内在空洞。但是在读法中，这种习气迅速地被净化了，它不是我自己努力克

♡爱是唯一不变的答案，永恒的终极答案

制的结果，没有用力，就是那么自然地，我内心那种时常浮现的压抑感、抑郁感、窒息感、不满足感，消失了。

还有就是，以前躁狂发作时候是很折磨人的，内心会涌动着难以抑制的仇恨、愤怒、残忍、扭曲的自残和受害者情节。

这些难以描述的深层的黑暗因素也消融、净化了很多很多。

曾经那一个个绝望寒冷的黑夜，独自一人面对内在的情绪，一次次地煎熬地嘶吼，嚎啕大哭，面对亲人无法控制地口出恶言。

现在在老师加持下居然轻轻松松就过了，我真不敢相信。

读法以来的一个多月，也发过脾气，但是妈妈说这就是像小孩子那样，撒娇耍赖那种发脾气，几分钟就没了，没了就忘了，身心内外什么也不剩了。

◎大学生直面躁郁症黑洞（下）

感恩老师开通了读法这条火箭通道，让我这样的业障深重的众生能够得到如此迅猛的救赎！

法义的背后就是漫天神佛！

我除了身体疾病外，还有精神疾病。2019年住院，隔壁病房有位小病友与我一样的重度躁郁症，做一样的治疗，吃一样的药物。她的身体还相当好，没有任何问题，我则是身体也濒临死亡，每天承受很多疼痛。

当天晚上父母送我去医院急诊的时候，医生做了检查和生命评估，已经器官衰竭，医生严肃地说只能活7—10天了。

但是我在老师的加持救赎下渐渐好转，而这个比我小接近十岁的本该春花烂漫的女孩，在今年4月底，不堪痛苦，自我了结了生命。

♡爱是唯一不变的答案，永恒的终极答案

自己是做不了任何事的，自己是不可能拯救得了自己的。只有神可以拯救人类的灵魂。

因为每天都在学法，虽然时间不长，在法义的智慧、光明、爱的洗涤下，大脑细胞一定是不断重生的。

在做过八次电疗后，正常应该成"傻子"了，我查阅过很多人的分享，都是什么也记不住了，工作学习也很差，这导致进一步的压力，抑郁，焦虑不安。

但是我一年比一年好，虽然记忆力和生病前比还没有恢复，但是学习的能力在逐渐回来，学习中比较复杂深奥的东西也觉得不难懂。

我曾经觉得冬天是那么地难熬，但是现在不这样了。

前两天我看到加缪的一句话："在隆冬，我终于知道，我身上有一个不可战胜的夏天。"

◎大学生直面躁郁症黑洞（下）

那个夏天，是老师，是真理，是祂。

"只有神可以拯救人，人类是没有力量去拯救自己，人类也没有力量去拯救他人的。"

"所以说，对于真理的绝对的赤忱的爱，可以在你陷入绝望痛苦无尽深渊的时候，那种爱，可以让你借助爱的力量，看到痛苦的你自己，并且对于你自己进行救赎。"

——《超度》（2023-09-26）

♡爱是唯一不变的答案，永恒的终极答案

▌拍摄于：2023 年 12 月 7 日

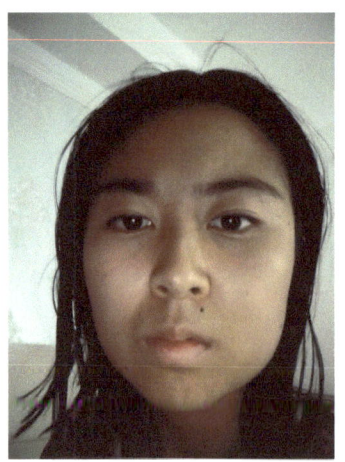

▌拍摄于：2019 年 7 月 24 日

案例

◎ 重度抑郁的我，重见光明

2018 年我爆发了极重度抑郁症，辞职在家，大门不出、二门不迈，怕见光怕见人，整日黑白颠倒，疯狂地打游戏，逃避现实，自闭中拒绝交流，满脑子都是想通过各种不同手段来自我了结，对人生没有了期望，心灵枯萎，精神萎靡不振，怨天尤人，戾气爆棚，黑气满面，暴瘦如柴，只剩下绝望、煎熬、孤独的内心和自杀的想法。

2019 年 7 月底正式放弃一切，开启抄法之路：

内心深处迷茫无助，人格懦弱无能，满脑子都是杀心，不停出现"杀杀杀"的念头，内心想着逃避现实，想着跑路，

♡爱是唯一不变的答案，永恒的终极答案

可我无路可走。

抄法再痛苦也要坚持，多数情况被习气带走，时常困乏，睡觉时间多，"只要清醒就抄法"的想法开始萌生，懵懵懂懂的内心依旧被阴暗负面情绪分秒席卷着，呆滞僵硬麻木的状态。

2020年，内心深处依旧恐惧、煎熬，心如坚冰，强迫式在学，内心不愿放弃、离开，但三天打鱼两天晒网式地懒散，业力逆袭不断。

2021年，依然恐惧焦虑不安，床头24小时循环播放《梦》《心安》。在尝试恢复交流中，内心深处的封闭在减弱，心灵有了初步的转变，持续学法中。

2022年，人生转折的开始，修行进入了时好时坏的状态，内心深处更多的负面情绪曝光出来了，经历多次痛苦抉择，身心细胞在更新换代中，不愿离开。

◎重度抑郁的我，重见光明

2023年开始后，修行进入了快速升级净化的状态，前半年时间多数在抑郁状态徘徊，深层的忧愁伤感、负面情绪爆棚，恐惧的状态持续中。

2023年下半年起，24小时戴着耳机听最新的音频，坚持大量抄法、读法，心灵进入了一种全新的状态：

只有活在法中是真实的我，心灵深处有了温暖和爱滋养，恐惧焦虑稀释、淡化中，不抗拒交流了，不抵触、反感遇到的人了，心朝向自心了，人简单多了，不学法就觉得像少了什么一样心灵空落落的，无助迷茫。抄法、读法过后整个人精力充沛，阳光乐观，身心轻盈，内心安宁，灵魂沐浴在圣光中，一次又一次地被救赎，得以重生。

现在依然有恐惧和不安，但是我不怕了，业力逆袭冲击心灵的力量在持续减弱中，心灵被拉锯撕扯的力量在慢慢消融中，坚信，对于一个痴爱真理、仰望天堂的灵魂而言，抑郁早已远去。

♡爱是唯一不变的答案，永恒的终极答案

有种脚踏实地、如释重负的悠哉呼吸空气的舒畅感。

想抒发一句：轻舟已过万重山！

我们的生命是恩师救的，恩师看护着我们的灵魂，就在生命深处啊！

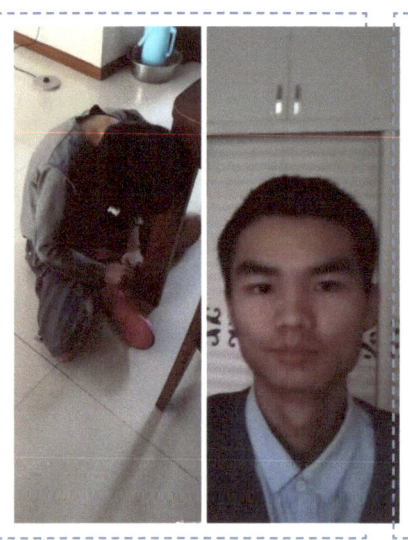

▎ 拍摄于：2018 年

▎ 拍摄于：2023 年

案例

◎寻寻觅觅,终于找到康复之路

这两天在听老师的《抑郁症》录音,想想自己的过往,写下心路历程。

我们家可能能量氛围就不太好,爸妈十岁以前,奶奶和外公相继上吊自尽!我呢,初中十二三岁,本该花一样的年华,可是,那个时候却不像其他小孩活泼开朗,经常想着死了算了,活着没意思!

一直到结婚育儿,夫妻关系紧张,整天吵吵闹闹,家里长期处于烦闷状态,好在有儿子,看到他心情倍好,什

♡爱是唯一不变的答案，永恒的终极答案

么烦恼都没有了！

再到前些年，儿子大了，我独处的时间多了，抑郁的苗头就越来越明显了。那是一种什么状态呢？就是心底总冒出来，"死了算了"，上吊自尽的场景总是冒出来！我整个人都是往下沉的，总觉得心头被压着沉重的盖子，透不过气来！干什么都没意思，对什么都没兴趣，很想死很想死！

我缺爱吗？其实不缺，从小父母很疼爱！可是我不会爱人，除了爱孩子，整个人就是个怨妇，加上夫妻关系紧张，我就爱找人抱怨，这就是我以前的状态！

后来自己实在撑不住了，走进了心理咨询室，可是我不善于表达，咨询师说我笨嘴笨舌，我觉得又被伤害了。去了几次就没去了。

再后来，走进了网络班，导师是自称修禅宗加密宗的

◎寻寻觅觅，终于找到康复之路

心理学者，得到了一些改善，一年多花了十多万，整整两年的工资收入！导师说"善护念"，护好自己的念头，改变自己的认知，可是，我心里还是有疑问，改变认知依据什么样的标准呢？我也想改变认知啊！我也想善护念啊，可是念头不由我控制，它随时随地都冒出来啊！

我又陷入了迷茫。

这时候遇到了《梦》，抄《梦》，半个月，就觉得心头卸下了重担！每天精神饱满，那些经常冒出来的想死的念头也很少光顾了！沉闷的心头像被掀开了盖子，呼吸到了新鲜空气，感受到有希望了！

明白了自我人格本来就是不真实的，我就在这个本不实有的人格带动下，忽上忽下，忽喜忽悲，在人生幻影里执迷沉入。

人生有了方向，灵魂有了归宿，生命有了奔头，考虑

当一个人的内心深处和整个的心灵愿望全部投向真理的时候,这个人可以从根本上治愈精神体系里面的黑暗,也就不会有抑郁症的存在了。

◎寻寻觅觅，终于找到康复之路

的只是回家的脚步不要太慢，不要掉队，所以现在我也没时间再去抑郁了，考虑的只是如何对照真理的标准剔除内心的杂质。是老师给了我新的生命，是老师让我知道了：人不仅仅是为了活着而活着，我们活着是为了回家！

经历过世间普通心理咨询方法，经历过禅宗与世间心理学糅合在一起的心理咨询法，一个曾经的抑郁症患者深切体会到，只有老师这里，可以让人新生，可以断除抑郁的根基，我们真正的生命在身语意无法触及的深处，我意非我，借助真理的光芒，让爱融化我们冰冷黑暗的角落，抑郁症的孩子们，回来吧，这里是我们共同的温暖的幸福的家园！

♡爱是唯一不变的答案，永恒的终极答案

案例

◎曾经，我的世界轰然坍塌

在"抑郁"还不是一种病症，在还没有那么多人得抑郁症之前，我就已经抑郁了，从小就抑郁。

小时候的抑郁主要表现在：害怕、紧张、恐惧，害怕不小心犯错误，惹妈妈生气，害怕考试成绩不好，回家挨骂挨打，所以过得小心翼翼，胆战心惊。只要妈妈在家，我就是乖得不能再乖的小女孩，妈妈不在家，我就成了爸爸的宝贝小公主，才会开心地笑，虽然这样的机会很少。

可是后来，爸爸突发脑溢血，走了，那年我高二。我的世界从此轰然坍塌，我失去了唯一爱我的人，生活再也没有意义了，我昏睡了三四天，休学了两个多月，梦里都

◎曾经，我的世界轰然坍塌

在呼唤爸爸，让他带我一起走。那是一段无比心酸、无比悲痛、无比黑暗的日子，直到我上大学之后，才渐渐好一点，有了自己的朋友。

可是，抑郁始终围绕着我，成为了我性格的主色调：内向，忧伤，清高，孤僻，压抑……虽然我一直努力地、认真地工作生活，但我随时随地都会悲从中来，不知不觉就陷入失望与绝望之中。日常一件小小的事情，我都可以在心里编织出一幕人间悲剧。悲伤之时，我想到的总是：死吧死吧，死了算了。

回忆中，不完全统计吧，我曾经不止一次想到过死。老家门前不远处有一条河，有一天，我在河边久久徘徊过，想跳下去，但那几天下雨，河水咕噜咕噜有点脏，我一想再想，最后还是放弃了。还有一次想被车撞了，在路上溜达着，也没碰到合适的机会。后来也想过跳楼、割腕、吞安眠药等等，想过好几种死法，但没有试过，也许是因为胆小怕死，也许是因为这些死法，没有一种是完美的，可

♡爱是唯一不变的答案，永恒的终极答案

以死得安心。

白天不懂夜的黑，我身边的人从来不知道我如此抑郁，多说无益，一笑而过就是了。十几年前开始学佛，周围的人们也不理解，认为只有生活不幸、看破红尘的人才学佛，我大多只是笑笑，心里总是默默地说：你怎么知道我不是生活不幸，你怎么知道我不是看破红尘。我看着他们吃着喝着玩着乐着，我听着他们聊各种八卦新闻，好开心好满足的样子，我也想融入，但真的觉得好无聊，好没有意义，开心快乐，悲伤痛苦，都没有什么意义，人生就没有意义。

我也试图热爱生活，学打球、学书法、学画画、学茶道，各种学习，各种打发时间，可这样的生活最多也只能给我带来一时半会的放松而已，却根本无法让我紧张的心舒缓下来，也无法让我孤独的灵魂彻底安放下来。

我也想接受一下心理咨询，可是我自己就专业学过教育心理学，那些理论我懂，佛法理论我也学了那么多了，

◎曾经，我的世界轰然坍塌

关键时候，我的悲伤还是会抑制不住，逆流成河，像黄河决了口。

直到两年多前遇到老师，遇到了老师的教法……

这样悲痛的心情已经好久没有出现在我的心里了，那些曾经的灰色经历也仿佛是好远好远的记忆了。就算那天听老师最新讲法《抑郁症》，我连着听了两天一晚，灵魂一点未被触及，一滴眼泪都没有流。我好像快要遗忘了那些曾经的抑郁和悲伤了。

昨天，我在抄法，突然间，听到了老师的法音："你们记住我这是真理。一个内心爱别人超过爱自己的人，这辈子与抑郁症没有缘分的。抑郁症永远不会找到你的，因为爱是抑郁的克星，就像光是黑暗的克星一样。"（《抑郁症》2023-07-06）一下子，那些委屈、那些难过、那些哀怨，伴随着老师的法音，从心底冒了出来，泪水流了下来，悲伤划过我的心上，如同孤雁掠过灰蒙蒙的天空。

♡爱是唯一不变的答案，永恒的终极答案

我知道，老师讲法里说的就是我，我之所以从小就抑郁，是因为我一直缺乏爱的能力，我一直在等待别人的爱，我没有爱别人的能力，也没有爱自己的能力。小时候的抑郁，大多来自于妈妈爱弟弟，不爱我；长大后的抑郁，则主要是因为我的爱人爱他的家人胜过爱我。我的抑郁是因为爱的失落，是因为被忽略、被忽视，所以归根到底我还是爱自己的。

老师说："我从来不相信一个内心里面有爱的人，爱别人、爱社会、爱其他的人超过自己的人会得抑郁症，绝无可能性，连0.001的可能性都没有，绝无可能。一切患了抑郁症的人，都是因为内心失去了爱的能力。"（《抑郁症》2023-07-06）

两年多来，我沉浸在老师的法里，沐浴在老师的圣爱与宽恕里，我知道人生无非因果缘起而已，我知道一切爱侣亲友无非心灵宿债而已，我知道爱恨情仇不过是梦中泡影而已，这一切都是小我自己的剧本而已，与我无关。

◎曾经，我的世界轰然坍塌

我知道生命的本质却是那完美无缺的爱，自我保护不是真爱，而是束缚，是禁锢，是镣铐，是闭环。对于孤独、孱弱、抑郁的灵魂，只有光才能照进，只有爱才能抚慰，只有宽恕才能释怀，只有放弃，走出去，才能看见光、看见爱，成为光、成为爱。

如今的我，是被老师深深爱着的灵魂，我是被如来深深爱着的佛子，我是被圣主深深爱着的孩子。圣爱之下，哪里还有抑郁存在的可能？圣光出现，阴霾便无处遁形，自动消散。

所以，当他们今天突然出现的时候，我停下了抄法，我看着他们，直面他们，敞开心扉接纳了他们，接受了他们，我与他们一起回忆前尘过往，我与他们一起看着那些悲伤的画面，我对他们缓缓表达着我的心痛、理解、安慰和拥抱。当我与他们互相原谅、互相宽恕、互相祝福的时候，我就同时与他们握手言和了，我们彼此合掌欢喜。

♡爱是唯一不变的答案，永恒的终极答案

告别吧，拜拜了，送别他们，如同老朋友一般。

所有和我一样，抑郁过的人们，抑郁着的人们，被抑郁困惑着的人们，走不出抑郁黑暗的人们，都来吧！爱自己，爱别人，爱每一个因缘，爱每一个遇见！都来接受阳光的沐浴吧！都来接受真理的洗礼吧！都来接受老师的加持吧！都来接受诸佛菩萨的救赎吧！都来接受圣主的恩典吧！这个虚幻的人间不值得抑郁，这个虚幻的人生载不动抑郁，抑郁本身亦如雾如露、如梦如幻，挥手轻弹，一无所有。

我们是真正的灵啊，我们是永恒的爱啊，光明的天堂才是我们真正的家园！那里，才是我们的灵魂原始的来源，在那里，我们极乐喜悦、丰盈具足。回家，回家，回到灵魂的爱的家园去，那里，早已圣爱满满！此时此刻，我的心里，很温暖，很安静，很充实，唯独，没有抑郁。

◎曾经，我的世界轰然坍塌

■ 我宽恕你，拥抱你，温暖你，接纳你，爱着你，融入我的爱，没有任何人能够伤害得了你。

♡爱是唯一不变的答案，永恒的终极答案

案例

◎幻听手抖失眠消失了

大概 8 岁的时候我突然感觉有两个我，我站在我的身体外边看着我，并想知道我是谁，很陌生，同时感觉身边的人很怪，也很陌生。这个感觉在我的少年时期一直断断续续的，后来糊里糊涂地长大了，又感觉我是一株植物，与这个世界产生的连接很少，不能融入、很孤单。我想一直走，走过一座山又一座山，可想到山后面还是山，我心里充满了被封闭在密闭空间的窒息难受，我总想着自己飞起来，站在很高很高的山顶看风景，心里就好些。

糊里糊涂地过了青春期，2007 年开始，我和身边的环境融入得越来越多了，童年的那些梦境，不认识自己的感

◎幻听手震失眠消失了

觉逐渐淡去。

2012年结婚了,家庭生活中充满劳累恐惧,单位上也经常被领导批评,对上班和下班回家都充满了恐惧。2016年离婚,每天如惊弓之鸟,担心单亲家庭对孩子成长不利,懊恼自己当初的选择,担心工作出现失误失业无法生存而恐惧,为买不上合适的房子而焦虑,也害怕离婚被人歧视。工作压力依旧很大,继续受到领导冷脸相待。

2017年的时候,总感觉有人扇我耳光,甚至逼着我站在高处往下跳,我害怕得都不敢去高处,头痛得受不了,记忆力减退,每天昏昏沉沉的,和别人交流出现了障碍,思维混乱,还很紧张,总是慌里慌张,逐渐开始自卑。

2019年到2021年工作压力很大,心情跌落谷底,虽然感觉被人打的那种幻想没了,但浑身乏力,什么都不想干,时不时手抖,又失眠,每天感觉天都是阴沉的,特别害怕秋天,害怕雨天,总是盼望春天,对孩子吼叫,说话

♡爱是唯一不变的答案，永恒的终极答案

特别暴躁，这样的状态基本天天如此。我意识到我抑郁了，但是又不愿意相信，没去过医院检查，也没吃过药，就念咒，有些许的效果，如果不间断念咒，心情能好几天，一旦间断马上复发。

期间姐姐介绍了老师的法给我，我断断续续地学习。但听到录音感觉自己没力气听，身体里没骨头一样，大的声音就感觉很嘈杂。姐姐每次耐心引导后，我就学一点，过几天又放下了。

现在我对真理信心越来越足，2021年下半年逐渐开始学习，到今年夏天有一段时间学得比较用心，现在我的抑郁症不翼而飞了，我仿佛没经历过那段时光一样。心里好亮堂，恐惧也没了，最明显就是不害怕上班了，对孩子教育和健康的担心没了，我体验到了好几年没有过的快乐。我现在完全相信老师，希望老师加持，我要精进学法！

心灵从绝望的漆黑夜色中,看到了光明,看到了希望,体验到安全与温暖,心灵就看到回家的道路。

♡爱是唯一不变的答案，永恒的终极答案

案例

◎ 4 岁自闭症男孩，18 个月的奇迹

2020 年 12 月份，一个 4 岁的小男孩患自闭症，经医院儿科医生介绍过来，当时这个小男孩不说话，也说不全，面部表情淡漠，典型的自闭症。

父母在外地打工，家人非常焦急担忧。我嘱咐孩子的父母，让小男孩 24 小时听《梦》。

今天复诊，小男孩与人能正常交流，背诵古诗词多首，主动与医务人员交流，听其父母说他一切恢复正常。自闭症完全康复！

◎ 4岁自闭症男孩,18个月的奇迹

为了巩固疗效,今日来复诊,我嘱咐争取让孩子三个月到半年背诵《梦》。

自闭症 18 个月完全康复,这在医学上是奇迹,自闭症依靠心灵鸡汤,或者现代医学几乎无法康复,唯有依靠真理,才能打开孩子缺乏爱的心灵。

♡ 爱是唯一不变的答案，永恒的终极答案

案例 1

◎ 特殊学校孩子的曙光

（一）

分享一位自闭症小朋友听了老师的音频后的反应：

之前他会不停地拍手掌，或者拍桌子，或是挥舞双手，反正两分钟都停不下来。但当他第一次听老师诵的《心安》时，竟然静静听了2到3分钟！而且，听后居然流泪了。

我把老师的《去爱》播放给他听，那个音频是7分多钟，他居然能趴在我腿上，安安静静，一边被我按摩，一边听着音频，近10分钟。经过五六天，现在他能坚持听到15分钟左右了。

◎特殊学校孩子的曙光

这个对一位自闭症儿童而言,真是很不可思议的事情。

我们平时听《梦》的机子,我都没教他怎么开,他自己出去玩回来,第一时间就去打开播放器,听上《梦》也不再吵着看电视。他妈妈那天下班回到家,看他没看电视,而是安静地在蹦蹦床上听法,她都觉得太神奇了!

我每天都要让他跟着我读一小段音频上的文字,现在他已能跟着我读三分之二的《去爱》。

记得有一次他听着《去爱》音频时,突然双手抱着我的脑袋,用他的头用力顶住我的头时,我即刻发现自己内心升起恐惧感,全身毛孔都立了起来:哇!我是怕他打我!他有时会自残,有时会攻击别人。

这念头升起时,我马上提起正念:我是爱与宽恕啊!他如果真的打我就打吧,我接纳一切,拥抱一切!

■ 如何能让孩子能够体验到爱呢？多承认他，多肯定他，多说"我爱你"，多去拥抱他。去用种种方法开启他灵魂深处他曾经有过的，那种对于温暖的体验，对光明的记忆。

就在我念头还没反应过来时，他就用脸贴在我的脸上，右边拭一下，接着又贴左边一下。哇！吓我一跳，我双手拥抱他并拍拍他的背，嘴里说："乖，乖，乖！"然后轻声告诉他说："你是爱呀，你不是这具身体，也不是认知身体的自我，宝贝，你是爱呀！"

然后他的脸上现出纯真的笑容，低声嘟哝着："你是爱呀！是爱啊……"

◎特殊学校孩子的曙光

（二）

这位小朋友，阿拉伯数字1—5都写得不清楚，只是会认。今天上完课后，我把老师布置的作业抄下来，让小朋友试着做一下。没想到，我把题目拿出来指着数字叫他回答，他居然每道题都能回答出来呢。哇塞，我都愣住了，真的太神奇啦。

我赶紧拿出手机拍摄下来，发给他妈妈。他妈妈看后太激动了，立马把我发的视频发到她家族群里去，让他外公外婆以及家中亲人看。个个都夸他怎么变化这么大，以前从来没发生过的事情。

他妈妈回来说：是不是因为听了你老师的音频才有这样的进步？我说：应该是的，要有信心，若要想孩子好得快，你也要去听法、抄法，如果家长这样做的话，孩子会好得更快！

♡爱是唯一不变的答案，永恒的终极答案

自此后，他妈妈也开始听法。

他的爸爸看到视频后，晚上回到家也去出了几道题让儿子做，小朋友轻松地回答出来，他爸高兴地说：这孩子好像哪根筋被接通了一样。

这样一件小事对一个正常孩子真不算什么，但对于一个自闭症孩子的家庭来说是一件可喜可贺的事情哟！

（三）

时间过得真快，一眨眼就 100 多天过去了。这位自闭症小朋友的改变真的好多、好大。我就举出几件小事和大家分享：

1. 懂得表达肚子饿和饱

以前如果肚子饿了，想吃饭都不懂得如何表达出来，只会用哭泣来表达自己肚子饿了。现在呢,到吃饭时间,问他:"肚子饿了没有?"他会回答我说:"肚子饿了,要吃饭饭。"如果他不饿,他会回答说:"不要吃,不要吃。"

以前他不仅不懂得表达,吃饭也不懂得饱,会不停地吃,吃到吐还要吃!现在他有时会摸着肚子告诉我说:"饱了,饱了。"

2. 懂得逛超市

前两天我第一次带他去大型超市逛逛。之前听他妈妈说,他一去小卖部就去货架上乱拿东西吃,每次经过小超市都要绕开走,所以很少带他去超市玩!

那天进入超市时,工作人员要求必须戴口罩,他很配合地就把口罩戴上。我让他推着一辆小推车,他边推着车边好奇地走在我身边。走到饮料区时,他突然冲过去拿出一瓶饮料想直接打开喝。我连忙制止他,并告诉他:"你

♡爱是唯一不变的答案，永恒的终极答案

可以把饮料放进小推车里，要等阿姨把钱钱算好了你才能喝，好吗？"他看了看我，回答说"好"，就把饮料放在推车里，我们接着逛。

然后还带他到游乐场去玩，那天他玩得很开心。他父母看他能正常去超市不捣乱，非常地开心。

3. 不乱吐口水了

在4月份的时候，他乱吐口水，非常严重，在班级里时不时就会飞到同学身上，或是同学家长身上。大家孩子都有缺陷，别人家长也能包容，不会骂他。

我在放学带他回家时，遇到红绿灯，都不敢把车停在路中间，只能停到街边的边角上，生怕他口水乱飞，飞到行人身上。

我专门在他身边放了个垃圾篮子，过了几天，当他想要乱飞口水时会看我,我若盯着他,他就会把口水吐进垃圾桶里。后来慢慢习惯下来,有口水就对着垃圾桶吐,一直到现在都没有乱飞口水的现象了!

4. 懂得看更多动画片了

最早我遇到他时,他只会看些"果宝"的动画节目。而且是不停地、反复地看同一个节目,其他的他不看。

后来随着他每天听法后,现在他懂得看《西游记》或"胡图图""大头儿子小头爸爸"的动画片了。他在看电视时,我会讲解给他听,看到猪八戒摔倒的可爱画面时,他会哈哈大笑!

现在我会引导他说出他想看的节目,之前他只会用手去指,现在他能说出很多节目的名字了!

5. 能完整地跟读《宽恕》《去爱》

♡爱是唯一不变的答案，永恒的终极答案

现在他能完整地跟我读这两篇文章，不仅如此，我读上半句，他就能接下半句。他最早只能听几分钟的音频，现在打开音频给他一两本书，他一边翻着书，一边听着音频，能听一两个小时！他父母都觉得他安静了许多，不会像原来那样乱跳了。

6. 能读写阿拉伯数字了！

也许大家觉得能懂数字简直是太容易了，可对他们这些孩子来说好难。前两天我教他写数字"1"，教了好久才写出几个像蚯蚓的"1"，让他写"2"时，他就偏偏弄出个"3"。

哇，天哪！高血压都给急出来。"怎么那么笨呀，这么简单的'2'你都写不出来，这么容易你都不会？"这些念头会瞬间升起来。不对呀，我不能跟着这些念头跑呀！这时在内心中反复默念宽恕。"宽恕不与头脑讲道理！宽恕不与情感讲道理！"就这样，我在心里重复呐喊这几句

◎特殊学校孩子的曙光

话。

我再次握住他的手教他写"2"。也许他也被我情绪影响，就不愿意写了，叽叽地叫个不停！我又教了几遍，让他单独写，结果还是一样，偏偏都变成了"3"，还有"5"，我看着自己的心波动得厉害。

我干脆再次握住他的手，嘴里大声喊出："宽恕不与头脑讲道理，宽恕不与情感讲道理，心灵力行宽恕，即可横断生死。"我喊了几遍，我哭了，心灵也柔软下来，放弃了握住他的手写字，告诉他我们换种方法来。

我让他用手跟着我在墙上写出"2"，他跟得很好，也能画出"2"的样子。我就让他用笔单独写出"2"，他还是写"3"，写"4"，写"6"。我再看着自己的心，还有波动，只是没那么大了。那就用身心灵继续念"宽恕"的文章。我让他握住我的手指头当笔，在墙上画"2"，开始我有意用力，慢慢地我不用力，而是让他带着我写。

♡爱是唯一不变的答案，永恒的终极答案

就这样我心平复下来，他也安静下来。我再次让他握笔写出"2"，这次终于教成功了！

　　老师的音频加持力不可思议！能穿透他的灵魂，令他的身心灵都能慢慢康复！

重症康复

◎奇迹

好了,这种状态过了几天吧,然后有一天,我这实在是闲得没事了,我突然想起来,我家地下室好像还有一个试纸盒——专门检验新冠的试纸盒,放了好久了,没用,再不用的话,新冠就过去了。你知道我这个人是个很节俭的人,你放着浪费了,扔掉了之后,也挺可惜的,我检测一下,看看我是不是新冠。

然后我就——虽然我看不懂英文,但是它上面有图案的标示嘛——我就一步一步地,在鼻子里面用棉签沾一下,然后放

◎特殊学校孩子的曙光

它那个水里面，转一转，然后把那个水倒在那个试纸条上，一看。哇塞！它真的变成两条线儿了。当时我就有一种中了彩票的感觉，你知道吧？我当时很开心的，我也"阳"了，这是一件多么荣幸的事情！哈哈哈。

然后呢，这个就是个玩笑，对于我来说，那个就是个玩笑。结果，奇怪的事情发生了。当天晚上，一下子，病情加重了，瞬间加重。平常，前面这一周，哪怕我没有味觉一周，我的身体依旧很轻松，就是我走路不沾地的。我走路，你们看我的脚在地板上走，我的身体是离开地板的，走路是不沾地的，身体没有重量的。哪怕我生病了，我失去味觉，失去嗅觉了，我的身体没有重量的。

检测完了，确定我"阳"了，然后晚上直接病情加重，第二天早上，我根本就爬不起来了。身体那个酸困、沉重的程度，比我测量之前，瞬间加深了10倍到15倍，就说我爬起来都费事了。这我就奇怪了！为什么？昨天还好好的，就前面这段时间好好的着呢，从我那天晚上冷得打哆

♡爱是唯一不变的答案，永恒的终极答案

嗓，然后到我失去味觉这十天之内，我都好好的着呢，任何反应都没有。为什么，为什么这一下子，我的病情就加重了 10 倍、15 倍？爬都爬不起来了。

后来，我就仔仔细细回忆了一下，噢！你们要知道，我是可以脱离开我的心意思维，脱离开我的记忆和感知的；我是可以脱离开我的潜意识，也可以脱离开我的人格的这种思量心的灵魂的：我不是灵魂，我是灵性，我是不死的生命。所以说，我能看到人那个灵魂，构成灵魂的那些因素——我的潜意识的习气和细念，他们在想什么，我这才找到了一个人死亡的原因。所以今天这堂法是未来，那些患了癌症，患了绝症人的福音。

我告诉你们，就是因为我确定了，我给自己的状态，身体的状态"定义"了——"我是得新冠了""我阳了"，这个叫定义，你知道吗？就像是医院给你定义，"你是癌症晚期"。一旦定义了之后，你想啊，我已经是个神了，我已经是一个三界内尊贵的、不死的神灵了，可是因为我

不要用"病",不要用"绝症"来定义你的身体状态。

没有修行圆满,我身上那些潜在的习气和细念,他们就会瞬间被这个定义,激发起来了他们对这个定义的记忆,你知道吗?

"阳了",就意味着生病,生病就意味着你的身体的这个机能会损坏,生病就意味着你的业障要聚集,生病就意味着你的身体要出现跟生病相对应的状态!瞬间,我的身体就爬不起来了。这个不受我主观意愿为转移的,这个是我的潜意识——也就是说没有被我净化完的,那些思量心当中的习气和细念,他们都是生命,他们都有记忆,他们都有生命的记忆,对于病的记忆,对于生的记忆,对于死的记忆。

♡爱是唯一不变的答案，永恒的终极答案

所以说，然后我又经过了一天多的时间啊，然后我又听法，将我的心识的注意力，放在法当中去。你们看我平常不务正业，无所事事的，但是我平常都是听着法的。你们看我每天看电影，看电视，可是我告诉你们，我看电影，看电视剧，从来不开声音的，我只看有字幕的，为什么？我要听法。

我为什么要边看电视边听法呢？实际上说出来，是一件很笑话的事。因为我听太多了，我听法听太多了，知道吧？如果不再有个什么事物，来吸引我的注意力，我没有办法听进去的。所以说，我就看一些电视剧，看的那种比较好看，但是不需要动脑子那种电视剧——什么八卦呀，是非呀，你爱我、我爱你呀，不需要动脑子分析的东西。

然后我就戴着耳机去听，然后把耳机里面的声音，当成他们电视剧里面的对话，这样我就能听进去了，你知道吧。我是在想尽一切办法，就说我要强迫自己，我的心、我的耳和我的意识，是不能离开法的。

◎特殊学校孩子的曙光

我没有任何的那种对于学法要达到境界的执着,"今天我要达到一个什么状态啊",那个你千万不要这么想,你这么想的话,一定会入魔的。就去听就行了,但是一定要、一定要让自己听够六个小时以上,一定啊,因为从量变到质变。

听到最后,你可以一句话都记不住,但是你一定会有体验的,一定会有内在那种安宁、清澈、安全、宁静的体验。对了,学法最终,就是要培养这种体验,你知道吧,就是要培养这种你身心内在,脱离你意识思维,脱离你心识主观意愿而客观存在的,这种感受中的安宁的体验。

然后,我听了一天法,那种安宁的体验当中呢,把得了新冠这个事情引起来的体验给取代了,然后身体瞬间又恢复正常了,没有重量。我今天,你看,我还是没有嗅觉,你们都能听出来,我这口鼻里面好像有点不清楚啊,有点伤风感冒的那种状态,我没恢复呢,我现在还在新冠着呢,但是我现在身体没有重量。

♡爱是唯一不变的答案，永恒的终极答案

此时此刻，我在给你们讲法的时候，我的身体里面是一片光明的，没有酸痛感，没有那种滞涩感，没有那种得病了之后的寒冷感，更没有身体的那种沉重感，没有，就跟没患病一样。虽然我的生命表象有痰，有鼻涕，还会出汗，但是我的身体内在的感知，是一片光明，纯洁无瑕，没有重量的。

好了，今天我就给你们讲的，就是这个最关键的一点：你的病，是你的潜意识"定义"出来的。真的，如果我今天不患这个新冠，我不知道这件事情的。我患了这个新冠了之后，从我检测出来自己是新冠，然后经历了24小时，真正新冠病人趴在床上爬不起来那种痛苦的，身心酸困的、呼吸困难的状态；然后直到我把这种定义忘掉了之后，身体又瞬间恢复了那种没有重量的，内在光明普照的这种轻盈的感觉。我只是在我的心灵深处，用学法的那种安宁，取代了被新冠概念定义后的，那种沉重的感受，仅仅是把这个"定义"给取掉了，一切症状就同时取掉了。

◎特殊学校孩子的曙光

我就突然间想起件事情来了。那是在我，多大年龄？中国过去有一本杂志，叫《读者文摘》，你们都看过，因为你们年龄都跟我差不多。《读者文摘》当时是国内的几本大杂志其中之一嘛，当时我记得有《良友》《知音》《读者文摘》，就这么几本大的。《读者文摘》上面登了一个故事，我看这本书的时候，我大概十四岁，那是八几年的事情了。

有一个美国的医学博士，他后来到非洲啊，去探索，探险。他本身是医学博士出身，后来他改变他的职业，成为一个记者了，他作为一个记者的身份，到非洲的草原部落里面去探险，去了解那个部落的风俗。他跟那个部落的那些人生活在一起，在非洲。大概他整个过程经历了三年时间吧，他积累了大量的笔记。他回美国之后呢，出版了一本书，其中有一段故事，是他自己亲身经历的。

他跟随部落的这些人啊，穿越那个非洲草原的时候，他部落里面有一个男性——成年男性，在追逐猎物的时候

♡ 爱是唯一不变的答案，永恒的终极答案

摔倒了，可能是被什么石头啊，木头桩子给绊倒了。腿呢，他那个小腿骨，碰到了一块岩石，直接就开裂了，就腿一下断开了，那个骨头尖子呀——骨头茬就穿破他的皮肤，露出来了。你们可以想象，就骨折了嘛，骨折了之后，那个骨头，穿过他的皮肤，直接从小腿中间就穿出来了。

然后他们部落随行的，有一个部落的巫师，然后就给当事人，就给骨折那个男性去包扎。用了一些他们在附近找的草药，用了一些他们部落里面女性，就刚来月经的女性的那个月经，混合在一起，然后用一种他们所说的那种蘸了油膏的绷带啊，把那个腿包扎起来了。然后呢，那个巫师就坐在那个病人的旁边，然后用手抚摸着他的头，他的额头，给他念经，给他祈祷。

然后书上记载的是，具体的时间我忘了，是三天时间，还是一周，不会超过一周时间的，等这个记者再次看到这个人的时候，看到骨折这个人的时候，这个人已经健步如飞了，就满地跑了。他腿上呢，完全看不出来有骨折的痕迹。

他很惊讶，他说，这个绝无可能的事。你知道，绝对没可能的事情，在西方医学上来说，绝对没可能的事，为什么呢？伤筋动骨一百天啊，得三个月。我们知道人的伤口愈合呀，就说是破坏了之后，流血了，愈合，72小时，就三天时间，不要说骨头了呢。

你愈合了之后还应该有疤吧，他说，他在看那个人的腿的时候，他能看到表面上有曾经破过的痕迹，但是那个就好像不可能是那种重创，他就是表面上有一些被愈合了的痕迹，仅此而已。确定是这个人，确定他受了伤，确定他是骨折，确定骨头穿过皮肤出来了，但是确定他现在完好如初了，就是用了三天，还是一周。

然后他就非常非常地震惊，他就去问这个巫师，他说：这是怎么回事？那个巫师就笑着给他说，他说：这个人的骨头啊，骨折了，那是因为他的肌肉细胞啊，他的骨头的

♡爱是唯一不变的答案，永恒的终极答案

细胞啊，受到惊吓了。他忘了他原本的那种生命的状态，他表现出来惊恐的样子，就是骨折。我所做的事情呢，只是让他的细胞回忆起来，他原有的那种安宁的状态，他不再保有这种惊讶的状态，那么他的肌体就康复了。

这个事情对于我的震动特别大，你知道吗？我为什么到今天，修行过程当中，我还经常会想起来这件事情呢，因为他说的是实相啊，他说的是实相，真相。你们知道，因为我这边生活了十几年了，因为工作的原因啊，我身边接触的百分之九十都是科学家，都是各个大学的教授，这些教授呢，都不是那种教课的教授，都是那种有自己实验室的科学家，就是 tenure，终身制教授。

他们有很多人，大概我认识有七八个人，他们都是跟药厂合作的，他们都是跟大药厂合作。他们告诉我，他们给我提供了一组数据，就是我问他们，他们研究出来的新药，对人的治愈率到底有多大的用处。因为都是非常熟悉的朋友嘛，他们也不瞒着我。

◎特殊学校孩子的曙光

他说，对药物的监管非常严格，就从你临床研究，然后到用到病人身上啊，每一期要经过多少年的检验。其中有一个双盲试验，就说是：我生产出来这个药，比如说可以治新冠啊，然后分为几组人，其中一组，这10个人里面，5个人是用我的新药，5个人呢，是用的安慰剂，就是面粉做成的药，里面什么药的成分都没有，然后说，这是特效药，你吃。安慰剂治好的病人，跟我药治好的病人，基本上是一样的。

你们都想象不到，不可思议吧？安慰剂——完全没有任何药效的那种用面粉制成的药丸，可以把新冠治愈了——我就跟你举个例子啊。这种例子称为双盲试验，这种安慰剂治好人的例子，在所有的药检里面，占20%。就10个人里面，可能有5个人是被真正的药治好的，还有两个是自愈的，这两个是被安慰剂"治好"的。

安慰剂是没有客观上的任何的药物成分，它为什么能治好病呢？因为吃药的人给自己"定义"了，我定义了，"这

♡爱是唯一不变的答案，永恒的终极答案

个药是能够治好我的病的"，明白吗？这个就像是我定义了，"我患了新冠"，然后瞬间我的潜意识，就将对于应该符合新冠的状态，他们就全部就给我兑出来了；如果我不定义，他们没有理由给我兑上一堆的状态，你知道吗？

我的潜意识，那些思量心和习气不是我，他们是构成我这个人格意识的基础，可是我不是人格意识，我也不是思量心，我是已经超出了思量心的，那种生命本质的灵性。我能看到他们，但是因为我毕竟现在还……就说我在他们之中，我能看到他们，我不被他们所带动，但是我会被他们集体所淹没，就他们一旦要是形成了，他们可以聚集的理由，他们就会形成境界，而把我就淹掉了，你知道吧？

所以为什么我平常，我的心和意识不能相续的呢？我平常就是处在一个吃吃玩玩、闲闲逛逛的状态，不断地听着法，目的就是让我自己处在知觉的灵性的状态，而不让我的习气和细念的认知，与意识结合起来。他们结合起来，我就被掩盖了；我苏醒了，他们就会被我的光芒所净化的，

◎特殊学校孩子的曙光

这个就是此消彼长的过程。

我跟你们讲的是什么意思呢?安慰剂都能够治好一般的普通的病人,那么更何况跟我修行的这些人呢。未来的人啊,我的学生也好,还是听到我今天讲这堂法的人也好,无论医院给你定了什么样的"罪名",我告诉你啊,医院真的治不了你的。

我身边的这些科学家,哪一个不是哈佛、耶鲁出来的博士啊?哪一个都是,任何一个都是啊,最差最差也是普林斯顿出来的呀。他们所有人谈到在临终的时候,都是不进行抢救的,他们都是签了字的,绝对不进行,不到西医去抢救,不插管子。因为他们就是从里面出来的,你们插的管子都是人家研究出来,他们知道能干什么。不要过度治疗,千万不要过度治疗。

医院定了你的绝症了——你是肺癌晚期、胃癌晚期、肾癌晚期、胰腺癌晚期、黑色素瘤晚期,都是绝症,治不了,

♡爱是唯一不变的答案，永恒的终极答案

■ 忘掉你的身体，忘掉你被医院定义的各种各样的绝症的词汇，把你的心放到学法当中去，把你的心放到对真神的虔诚当中去，神的光明、神的温暖、神的爱，会穿透你的自我，安抚你的灵魂。

◎特殊学校孩子的曙光

这是医院给你的定义。但是如果你要学我的法,你是我学生的话,忘掉这种定义!你只能选一个。

我鼓励你去治疗,积极配合治疗,但是你要在心底里面把这个定义忘掉,为什么呢?那个医院给你的定义,他不是神给你的定义。神给你的定义就是,你的生命不可能有病!有病的是你的身体,而且那个身体的病,他只是一种状态,而是凡状态,他就存在着一个改变的过程。

♡爱是唯一不变的答案，永恒的终极答案

◎爱是灵丹妙药

人体源于心灵，心灵源于灵性，灵性源于光，光源于爱，爱源于生命，生命源于存在，存在源于智慧，智慧源于清净，清净源于平安，平安是"祂"的心。

因此，心中苏醒爱的人，灵性就会苏醒，灵性苏醒之人，生命就会苏醒，爱之光能，就会修复肉体身心，身体细胞在灵性微观层面上自我修复，人类的身体疾病，绝症癌症，就会奇迹般康复。

爱，是灵丹妙药。

因为有爱，灵与圣主同在。

◎这些癌症去哪了啊?

问:仅仅学法几个月的同学们,很多人身上的肿瘤消失了,这些癌症去哪了啊?

答:每天听音频,癌细胞会彻底根除。

长时间,大量的学法,听音频。
音频蕴含着真神的光明,
灵性的光辉,诸佛的慈悲,诸神的智慧。
声音蕴含的光明,可以渗透人体,穿透人心,净化灵魂,唤醒灵性。

灵性的苏醒,可以超越生死。

♡爱是唯一不变的答案，永恒的终极答案

灵性苏醒的过程中，首先是细胞内生命信息的复苏。

生命在信息层次的复苏，信息就会回忆起生命本身的永恒性。

永恒性就会通过信息，呈现光明与爱的温暖。

细胞内的灵性就可以，在生命信息的微观时空中，舒缓癌细胞，融化癌细胞，分解癌细胞，清澈癌细胞。

这是必定的事情，也是修行者绝对确定，保证可以完成的事情。

癌细胞属于三界下层众生的累世情绪与恶念因缘兑现，属于魔性的信息。

而修行者亲诵的音频，源于圣贤清澄的智慧，融合了生命原始灵性的光辉。

听录音就等同于，神性对魔性的净化与超度，等同于微观宇宙中光明驱散黑暗。

等同于神之爱在生命本源之中安抚恐惧，等同于灵魂在真神的光辉中被爱救赎。

◎这些癌症去哪了啊?

真神的境界可以托着灵魂横渡生死,更何况是这类区区人间疾病?

癌细胞不可怕,真正可怕的是,灵魂不认识真理。

若灵魂认出了真理,在神圣的圣殿之中,没有什么是"不可能"发生的。

真理,本身就是奇迹。

♡爱是唯一不变的答案，永恒的终极答案

案例▎

◎眼瞎复明

　　2018年清明节第二天，早上起来做饭时，我突然发现左眼前一片漆黑，恐惧一下子涌到了头顶。我大喊了一声，二女儿、二女婿、妹妹全都从卧室跑出来了，焦虑地问我怎么了。我说："我左眼什么都看不见了，你们在哪儿？我看不到你们了！"五雷轰顶，浑身瘫软，极度恐慌之下，感觉自己口齿都不清了。怎么办？怎么办呀？

　　赶快去到医院，主治医生让我住院。我当时心想：我的老天爷啊，你为什么非得让我眼瞎了？好好一个大活人，变成了废人！

◎眼瞎复明

六神无主之下,我问医生如果住院接受治疗,眼睛能恢复到什么程度。医生也很实在地告诉我:"你这个情况,我之前坐诊期间只遇到过一次,算上你才两次,你得的是眼底出血,很严重。第一个人其实我也没有给他治好,对你来说,住院总比在家里强,但是,我不保证能治好。"我一听,就说:"大夫,我不住院了,医院治不好,我在医院里待着干什么?"大夫说:"你可真犟!"

第二天,在家人的坚持下,到了上级医院潍坊眼科医院,挂了个专家号,检查结果和前一家医院一模一样,只不过多提供了一种治疗方案:有一种针,往眼睛里注射,一针是5000元,这个药针必须同时给两个患者用,如果没有另一个患者,需要住院等待患者出现。

我听完,焦急地询问:"大夫,我打上这2500元钱的针,就能保证好吗?"大夫说:"不能保证,只能在注射后看情况再说,不行的话,还得继续注射。"家人听后,都傻眼了,这治疗方案危险性太高了!当时的我,五味杂陈,

♡爱是唯一不变的答案，永恒的终极答案

头脑中只有一个声音：完了完了，两家医院都判了死刑，不仅左眼没救了，甚至于还会对右眼产生危害……

家人也没了主意，忧虑和急切犹如黑雾压顶，让人近乎窒息。医生在边上一直催问是否办理住院手续，此时，我感到有一个声音从心底浮现：佛法是大药王，依靠我，我给你未来！

这句话，让我瞬间充满了力量！我当下决定，瞎眼不治了，我要回家自疗，一切的担心、恐惧、害怕都没有用，虔诚于真理才是我唯一的选择！

跨出医院大门，我们就迫不及待去和弟弟及当地一位师兄见面。师兄款待了我们，师兄和我弟弟列举了很多同修身上的神迹事例，比如某师兄的xx病好了，比如某师兄的xx癌症消失了，师兄一再说：真理是大药王！只要相信上师，奇迹一定会出现！

◎眼瞎复明

交流了一下午，我信心大增。女儿不放心，还是建议我回医院治疗，我给大女儿说："妈妈哪也不去了，我不是还有一个右眼好好的吗，你们好好上班吧，放心吧，我要心疗！"

就这样，我不再焦虑，而是静下心来系统学习真理。老师讲："如果我们的心灵觉知，信受缘起性空，身心如幻，因果轮回，果报不爽的标准，在受难的当下，你的心，无有恐惧，无有愤怒，你心里知道，一切罪过、苦难、灾难、冲突，皆是前世的业，今生在偿还。"

无论任何情况，老师告诉我："接纳，接纳他！他是你过去的自己，就算他想把我杀掉，你告诉他，你来杀我吧，我愿意承受你对我的这种伤害。接纳他，拥抱他，告诉他我爱你，我理解你。去用你内心里面开放的心去拥抱他，他就会慢慢融解。"

老师说"修行就是认识内心的过程！修行就是勇敢地、

♡爱是唯一不变的答案，永恒的终极答案

真实地、如实地、直接地面对内心的烦恼和错误，这就是修行了。把烦恼、错误展现出来，忏悔、曝光，柔软他，释放他，让他融化在内心的爱和宽恕当中，烦恼融化了，认识烦恼的觉受也就融化了。"

通过系统地学法，我认识到，所有病业都来源于累劫无明而犯下的无边罪业。因此，我每天学法、忏悔、宽恕，去爱我所有的冤亲债主，请求我伤害过的冤亲债主的原谅与宽恕！我愿把所学的福报功德回向给，导致我瞎眼的这些冤亲债主！

老师讲："大量学法，奇迹就在虔诚心中，逐步绽放。""苦中无我，唯有真理慈悲。"

老师讲："我们要先勇敢地直视自己的心，真实地面对自己的心，在一切境界生起的时候，你去体察那个喜怒哀乐背后深藏着的对于自我某一个利益的维护：维护我的面子，维护我的虚荣，维护我的欲望，维护我的感受，还

■ 天堂是可以痊愈生命的，因为一切生命信息的源头，都源于灵性天堂的光明。

是维护我的某一种失去自我存在的恐惧感。找到这个维护，去接纳它，拥抱它，宽恕它，直视它，直到它慢慢消融的时候，你会发现外面的这个对境，这个感受，这个黑雾，这个恐惧，这个难过，这种伤心痛苦喜悦的觉受和情绪，就像没有根的天空当中的云彩一样消散了。"

老师讲，总而言之，一句话，万法唯心造，认识了心，就认识了唯一的佛。

♡爱是唯一不变的答案，永恒的终极答案

就这样日复一日，也曾出现过焦虑不安的状态，但是从未怀疑过老师教法。不管懈怠，还是懒散，总能以真理去衡量自己的言行。

不间断地精进修行了大半年后，突然有一天，我发现左眼好像能看到东西了，我立马捂住右眼——看到了桌子，看到了人！我的左眼奇迹般地复明了！

真理真的是大药王！奇迹在我身上淋漓尽致地展现出来了，我受益了，全家人都感到太不可思议！

案例

◎乳腺癌完全康复

我是一个乳腺癌的患者，今年60岁。2018年做的手术，因化疗后得了焦虑症，记忆力减退，睡不着觉，头发一根不剩，被病魔折磨成鬼样，生不如死。为了好病，去念佛，念佛不见效果，就去看大仙，去算卦，越折腾越无效。行尸走肉般地活着。

真是祸不单行啊，姑娘三十来岁才结婚，出月子后就离婚了，姑爷在外地工作，也不给孩子拿钱，姑娘也得了抑郁症，我知道姑娘压力大、没工作，小孩吃奶粉，我还吃药，太痛苦，太难熬了！

♡爱是唯一不变的答案，永恒的终极答案

屋漏偏逢连夜雨，这时我丈夫这边也出事了，由于个人维权涉及司法纠纷，被拘留半年，并判处有期徒刑一年半，缓刑三年，三年内不离本地。细节不提了，但我们自身觉得特别特别委屈，这都怎么了，我真是欲哭无泪，为什么，为什么呀？！我开始找律师咨询，花费了一万多咨询费，咨询的结果也是申诉无望，听到这消息我马上就崩溃了，瘫倒在地了，病情加重，叫天天不应、叫地地不灵啊，我的老天爷，为什么会这样……从此就开始嗔恨生气报怨，这还能让人活下去吗？

一天，糊里糊涂去了某师兄家，师兄说：我半年前给你的一本《梦》你为什么不看？想活只有回家抄《梦》、背《梦》，如果你不学老师的教法，你肯定是脑痴呆，谁能救你？你学吧，用不上10天，你丈夫肯定出来。

就这几句话终于和老师结上了缘。这样开始抄《梦》，一个字一个字地看，写一个抄一个太费劲了，抄半小时后手指骨头节痛得伸不开，听老师音频，连续几天后心情一

◎乳腺癌完全康复

下子就敞亮了,郁闷的心顿感消散,头脑慢慢地清醒了,神奇了!丈夫真的一个礼拜就出来了,真的不到10天!

在老师看护下,一个月之后手指头也好了,心也平静多了,充满喜悦和快乐。通过不断抄法,不知啥时候焦虑症也不见了,不再紧张和恐惧了,身体一点点恢复了,医院让每半年做一次检查,去年到现在我也没检查了,有一年半了,现在癌症的症状一点也没有了!我感到太不可思议了,太神奇了!

姑娘也找到了一份工作,每天快乐无比。丈夫也越来越快乐,以前印堂像黑锅底,整天都骂骂咧咧的,天天想杀人,现在天天都笑呵呵,像换了一个人,支持我抄法。我们全家上演"大变活人"!这都是家里放老师的音频的原因,我说的都是真心话,如果没有老师的慈悲加持,我们一家都在地狱苦海里呀!

我无法报答老师的大慈大悲,只能每天泡在法里,死

♡爱是唯一不变的答案，永恒的终极答案

在法里，不离真理，生生世世跟随我的老师，不离不弃，生死都是圣父的孩子。

老师：

以后这类神迹，会普遍性地出现，因为八地菩萨进阶为九地菩萨的过程，就是"祂"的神圣，开始降临人间，慈悲救赎灵魂的过程。

学法的灵魂，只要是虔诚贞洁的灵魂，必定会受到"祂"的慈悲看护，凡间的鬼魂蒙受到"祂"的救赎，若此人身上不出现神迹，才是真正的不可思议。

神迹，才是生命正常的状态。

死亡，是不正常的生命状态。

案例

◎十年以上的肿瘤缩小了一半

神迹终于在我身上发生了,当我拿到医院复查 CT 报告的时候,我看到跟随我十年以上的肿瘤缩小了一半,有惊讶,但同时又觉得是必然的,因为我打心底里相信,一切的问题都是因为学法不够,只要跟随恩师一直学法,没有解决不了的问题,或早或晚,总有这么一天,神迹一定会发生,只是没想到会发生得这么快而已。可能是最近恩师提升得快,我们也跟着受恩惠了!

来说一下我的经历吧。

♡ 爱是唯一不变的答案，永恒的终极答案

我本命年 36 岁那年，因为身体不适，全身黄肿，皮肤发痒，后来去做全身检查，才知道是腹部长了肿瘤，把胆总管堵塞了，胆汁排不出去，所以就扩散到血管皮肤表面来，肿瘤在腹腔内向各个器官蔓延，做了胆囊切除术、十二指肠衔接术和部分胃部切除手术，但是肿瘤不敢切，因为长在胰腺后方。医生说那个地方有很多动脉毛细血管，怕大出血。后来只是切了一些周边就开始出血不止，在 ICU 病房 24 小时大量输血，出 ICU 后，又因为腹中有大量淤血排不出来，再次申请手术取出大量血块，又进 ICU，一边输血，一边排血，身上插满管子。

第三天听到医生说，再不止血就真没办法了，不过好像第四天开始就有了止血的迹象，终于可以转出 ICU 了，等到把最后一根管子拔完已经是几个月后了。后来听我丈夫说止血前的一晚命在旦夕，他不知道如何是好，那天晚上他合掌念了一晚上的"阿弥陀佛"，估计是诚心感动上天了。在接下来康复的几个月里，他天天念佛，有一次还看到了阿弥陀佛的金身，光芒四射充满法喜。

◎十年以上的肿瘤缩小了一半

因为上次的手术没有切掉肿瘤，只是解了燃眉之急，只要肿瘤继续生长，我就有生命危险，就像背了个定时炸弹。医生建议做化疗，我不愿意，也没吃药，更不想再次手术，只能听天由命。每隔一段时间去复查，幸好多年来诸佛保佑没有多少变化，在最近一年多以来，都是听老师的法没有间断，因为我颈椎不好，很少抄法，生活中能挤出来的时间都是用来听法、看法。

慢慢地，我发现自己极少极少做恶梦，病发之前那是经常做恶梦，不敢睡的情况都有。渐渐地我发现，我听法、读经，或是打坐的时候，心轮的整块很暖和很热，然后又很清凉。受到别人误解和批判辱骂的时候，也能抽出心来觉察，情绪波动也不大，可以说没有多大感觉。

我还有个自己的修行方法，就是经常把自己的心当成临在，觉察一切感受、体验、意识、思维，随时随地，就像一个看电影的人，跳进了电影屏幕的世界里畅游，身临其境，我就是看电影的人，我不属于这个世界，我是来体

♡爱是唯一不变的答案，永恒的终极答案

验生活的，我只是忘了我是谁。每当我感觉心情不好的时候，我就静静地观察我的内在的自我维护，在一次次对真理的选择中，我发现我的心情越来越平和了。

下面是我最近两次做 CT 的文字报告前后对比：

检查号：CT0113901　门诊号：000295174400　床号：
申请医生：

检查项目：CT-颈椎（椎间盘）2-7平扫（螺旋），CT-上腹平扫（螺旋），CT-头颅平扫（螺旋）

影像所见：

颈椎序列正常，生理曲度轻度后突，各椎体边缘变尖，见少许骨质增生征象。C3/4、C4/5、C5/6、C6/7椎间盘向后突出，相应硬膜囊受压。黄韧带无增厚，椎间隙无狭窄，骨性椎管未见变窄，椎旁软组织形态及密度亦无异常。
双侧大脑结构对称，脑灰白质分界清晰。各层脑实质内未见异常密度影，脑室系统、脑池、脑沟形态、大小未见异常。中线结构居中。颅骨未见明显异常。
肝脏表面光整，各叶比例正常。肝实质内未见异常密度影。肝内外胆管未见扩张。胆囊未见显示。脾不大，密度均匀。胰腺后方腹膜后仍可见小大约24mm块状软组织密度影，结构清晰，胰管无扩张。双肾形态、大小正常，肾实质内见异常密度影，双侧肾盂、肾盏内密度正常，未见扩张及积液，双侧肾周脂肪间隙清晰。肝门及腹膜后未见肿大淋巴结。未见腹水征。

诊断意见：
1、颈椎退行变，C3/4、C4/5、C5/6、C6/7椎间盘突出，相应硬膜囊受压；
2、头颅CT平扫未见明显异常；
3、胰腺后方腹膜后肿物病变术后改变；
4、胆囊未见显示，请结合临床。

◎十年以上的肿瘤缩小了一半

检查号:CT0109388　住院号:26235　　号:01　申请医生:

检查项目:CT-上腹平扫加增强

影像所见:

　　肝脏表面光整,各叶比例正常。肝实质内未见异常密度影。肝内外胆管未见扩张。胆囊未见显示。脾不大,密度均匀，胰腺头部后见一小大约13mm×42mm×40mm团块状软组织密度影,增强后病程呈持续强化,结构清晰,胰管无扩张。双肾形态、大小正常,肾实质内未见异常密度影,双侧肾盂、肾盏内密度正常,未见扩张及积液,双侧肾周脂肪间隙清晰。肝门及腹膜后未见肿大淋巴结。未见腹水征。扫及升结肠肠壁增粗增厚,腔内密室。

老师：在天堂的永恒光明中，神迹是随时发生的，因为真理就是神。

♡爱是唯一不变的答案，永恒的终极答案

案例 1

◎瘫痪老人重新站立

我是 W 某，男，71 岁，家住在陕西省西安市雁塔区。

自从 2020 年 3 月份开始，因辟谷失败和不当的治疗，导致我脾胃极度损伤，极度虚寒和虚弱，元气大伤，心脏供血不足，血压经常升高，失眠，心悸、心慌，出虚汗，浑身没劲，怕冷，手脚风湿性关节炎等病魔缠身。最后致使我瘫痪在床不能自理，不能吃其他的食物，整天只能喝粉碎机打的糊糊，也不能吃任何菜。不能看手机、电视，别人打电话和说话我都受不了。

自从 2021 年 8 月 H 师兄快递给了我老师的《梦》《生

◎瘫痪老人重新站立

死河》《觉性》（2016—2021）等法本和小播放器，我就如获至宝。H 师兄还指导我如何学法，我就按照 H 师兄的指导，每天听播放器播放老师亲诵的《道路》《梦》，所有的从第一个文件开始听，一直听完一遍，之后就反复听《梦》、背《梦》、抄《梦》、忏悔，H 师兄指导我要多忏悔，我就每天跟着老师亲诵的音频忏悔，坚持不断忏悔，忏悔，忏悔，就这样逐渐增加听法和抄法时间，有时候还能坚持抄法一天四个小时左右。

过了大概半年，遇到 D 师兄的修行佛法分享，听 D 师兄说，最好整个夜里睡觉也不停地听法，把声音放到最小。所以自从听了 D 师兄的分享后，我每天晚上睡觉就放着老师亲诵的《梦》。在这里也非常感恩 D 师兄的分享。

说来也奇怪，以前不管家人和外人，只要有声音，不管说话、开电视、打电话，我都受不了。可就是听播放器中播放老师亲诵的《梦》等音频，我的心不烦躁，也不难受。我每天从听一个小时法、抄半小时开始，以后就逐渐增加

♡爱是唯一不变的答案，永恒的终极答案

到每天听两个小时，抄《梦》一个小时，现在能坚持抄法4小时左右。

学老师的法以来，我身体就逐渐开始好转，慢慢恢复。到现在我已经基本上能够正常吃饭了，也能吃菜了，能扶着轮椅下楼锻炼了，每天都能扶着轮椅走一千步以上了。

今年夏天我就开始不坐轮椅了，轮椅当扶手走路。从上个月开始在家里不用扶轮椅了，在家里拄着拐杖就可以走路了，有的时候还能替老伴刷碗、扫地和择菜等，干家务活了。这么大的身体康复速度真是不可思议。如果不学老师的法，我早就见阎王了。

没想到一个快死的瘫痪在床的病人，竟然站了起来，还能走路，干一点家务活了。

这都是学老师法的加持力的恩德呀！愿天下所有的人都得到恩师的救赎！

◎瘫痪老人重新站立

 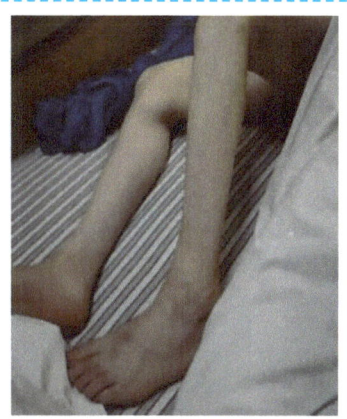

↑病重期间和学法之前的照片

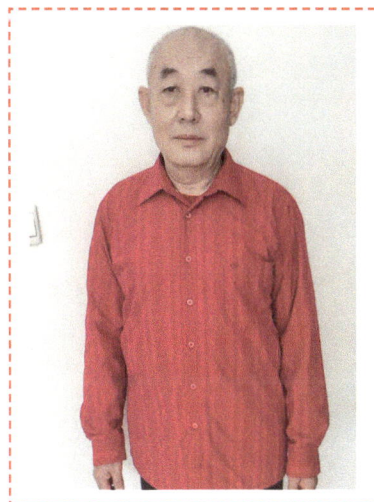 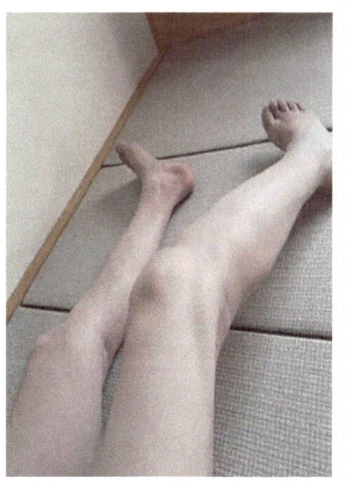

↑学法一年以后康复的照片

♡爱是唯一不变的答案，永恒的终极答案

案例1

◎ 40年的顽疾头痛好了

自从老师的《感应》讲法发布后，一天24小时听着，老师现在的讲法一定比以前的讲法加持力更大，连续听了十天，有两个明显改变：

1. 折磨我近四十年的顽疾头痛，竟然好了！我12岁得病，什么治疗方法都不管用，止痛药大把大把吃，同事说我止痛药成瘾，可是这几天不痛了，止痛药也想不起来吃了！听《感应》三天就不痛了，刚开始我不怎么相信，是真的吗？可是头部的体验是从来没有过的清凉！现在六七天了，不吃药，不痛了，这是从来没有过的，是真的！

■ 获得了神的祝福与爱，获得了光明的温暖与净化了之后，那么你身体上的痛苦啊，随着你对于痛苦记忆的这种释怀，你身体上痛苦的症状啊，真的有可能，一天比一天轻，直至痊愈的。

2.那个轻盈、快乐、无忧、阳光的我占主导地位，虽然人格习气时不时张牙舞爪跳出来冒犯几下，但是越来越弱，成不了气候！就如同两个人，一个正气满满、阳光快乐，另一个负能量极多！每一次见到这个负能量都还来不及体验，就被正气满满、阳光快乐的一面消融了！

不可思议！眼泪都止不住流，震撼，感动！

♡爱是唯一不变的答案，永恒的终极答案

案例 ▌

◎约 10 公分的卵巢囊肿消失了

临床检查时，B 超医生不敢相信我 3 年前有一个 10 公分的卵巢囊肿，并说："不动手术很难消失的。"我说："可以查，之前也是这里检查过的，不信，可以查历史记录。"

她查了一下电脑，确定之前检查出有 9.6 公分大的卵巢囊肿，问我："怎么办到的？"我说："我学佛法啊，心性变好了，法义清洗的结果，卵巢囊肿自然消失了，学佛法开心！"

为了佐证单纯学习了恩师的虔诚法、宽恕法的前后变

◎约 10 公分的卵巢囊肿消失了

化，给后学的同学增加学法的信心，我不怕隐私曝光，直接上 B 超报告图！

家族的人知道我有 20 年长跑的习惯，但运动也并不能改善卵巢囊肿，我也没动过切除手术，唯一的解释，就是学恩师的法的神迹显现。

这些 B 超报告，实际上是给我家族那些不信佛法，不信恩师的法义的有力证明。

附图是这些年的 B 超报告（按时间顺序）：

♡爱是唯一不变的答案，永恒的终极答案

东莞市东城社区卫生服务中心
医学影像报告单

姓名：　　　　性别：女　　　　年龄：52岁　　检查号：191004018
科别：　　　　仪器：日立　　　检查部位：经阴道：子宫附件

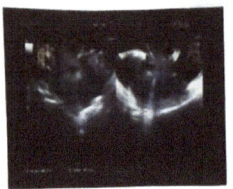 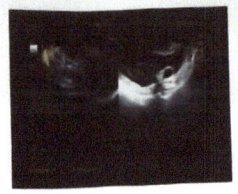

超声所见：

子宫前位，体积大小、形态正常，浆膜线欠光滑，肌壁回声不均匀，于前壁肌壁间可见一个大小为14×9mm低回声区，边界清晰，形态规则，内部回声分布不均匀。内膜厚9mm，居中。宫颈处可见一个大小为13×9mm无回声区，透声好，后方回声增强。

左附件处可探及一个大小约96×47mm无回声区，内透声好，壁薄光滑，后壁回声增强。CDFI：周边及其内未见明显血流信号。

右附件未见明显异常回声。

超声提示：

左侧附件囊性包块
子宫前壁低回声区，考虑肌瘤
宫颈纳氏囊肿

检查时间：2019-10-04 11:21:03

■ 2019 年：左侧卵巢囊肿 96x47mm，子宫肌瘤 14×9mm

◎约 10 公分的卵巢囊肿消失了

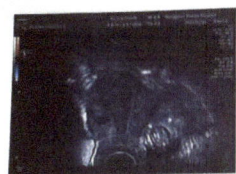
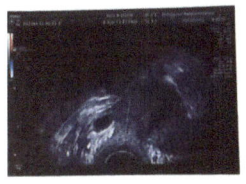

- 2021年：卵巢囊肿消失，子宫肌瘤 12x8mm（发过朋友圈，有人质疑小医院的检查水平，特意到全市最有权威的医院补做检查）

♡爱是唯一不变的答案，永恒的终极答案

东莞市东城社区卫生服务中心
医学影像报告单

姓名：	性别：女	年龄：56岁	检查号：191004018
科别：	仪器：日立	检查部位：经阴道+子宫附件	

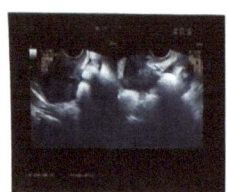 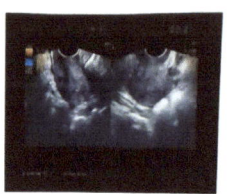

超声所见：
子宫后位，体积大小，形态正常，浆膜线欠光滑，肌壁回声不均匀，于肌壁间可见一个低回声区，较大者约为10×5mm，边界清晰，形态规则，内部回声分布不均匀。CDFI周边及其内未见彩色血流信号显示。内膜显示不清。
双侧附件区未见明显异常回声。

超声提示：
子宫体积缩小，符合绝经后子宫改变
子宫肌壁低回声区，考虑肌瘤

会诊医生：　　　检查医生：　　　检查时间：2023-10-17 16:20:23
温馨提示：此报告仅供临床参考，不做其他用途。

■ 2023年：卵巢囊肿消失，子宫肌瘤 10x5mm（子宫缩小，子宫肌瘤可忽略）

爱的重生

◎先宽恕被伤害的你自己

比如说是你现在见到了你的仇人。咱们人认为的仇人一定是你认识的人,外界的人的话,得罪你了之后那个算不上仇人的,那个只是一个小矛盾而已,宽恕一下就过去了。一个仇人一定是,你认识的人,跟你熟知的人,跟你有过交往的人。

你想起他的时候,哪怕他不在你身边,你内心都会愤愤不平,升起来这种愤怒、咬牙切齿的这种体验,耿耿于怀,愤愤不平。这个时候,你一定要找到,你内心对他愤愤不平那个背后的动机——为什么,你为

◎先宽恕被伤害的你自己

什么要对这个人愤恨？你会列出一大堆理由来，他蛮横不讲理，他自私，他恶毒。

记住了啊，这个时候就是你践行我宽恕法门的时候。外界这个人并不存在，他现在不在你眼前，你现在存在的，只是你内心对他的记忆，记忆背后一定有认知，认知背后一定有企图，没有企图的话，认知是不会形成的。这个背后的企图是什么东西呢？这个认知背后的企图啊，一定一定一定，是对你认知自我的维护。

因为他无理，他伤害了我的自尊；因为他贪婪，他伤害了我的利益；因为他恶毒，他伤害了我的道德价值观；因为他的无耻和凶残，他伤害了我的人格的，所确认的这个人生态度的这种价值。所以说，他才在我心目当中，形成了一个恶毒、自私、无耻、凶残的一个具体的人的相貌。而这个相貌实际上是，我的人格所投射出来的一个对比的记忆。

♡爱是唯一不变的答案，永恒的终极答案

如果我的人格里面，没有对于道德观的记忆，我不知道他是否无耻。我的人格里面如果没有一个对自我维护的恐惧，我不知道他的言行，他的这种目的是伤害我的。因为我没有自我概念的时候，我不知道任何人的行为是针对我的，你知道吗？

我手里面拿了个冰淇淋，我想去吃它，我才会意识到，过来这个人，是不是想要抢我手里面的冰淇淋，你知道吗？如果我的手是空的，什么都没有拿，对面来的人的话，我是不知道他要干什么的。

你们能明白这个意思吗？就说是我心底里面的敌人，一定是我心识对自我维护而投射出来的一个对境而已。如果我内心里面，没有对自我利益价值和自我感受的维护，外界就没有一个伤害得了我的人，也没有一个对于伤害我这个人的刻骨的记忆。

所以说我应该宽恕的，是我内心对这个伤害我的人的

◎先宽恕被伤害的你自己

认知。换句话说,你要宽恕你自己,宽恕被这个人所恐吓的、伤害的,你的痛苦的情感,并且将你的内心的这种痛苦啊,将他交付于天堂。他是属于天堂的,他是安全的,没有人能够夺得走你真正的生命,人们夺走的,只是在幻境空间当中,前缘后续,在今生兑现的一个境界而已。

你们所见的一切都是境界,所感受的一切,所体验的一切,都是你的思量心和习气形成的境界而已。因为有境界,才会有境界当中,固守境界的自我,因为有自我,才会有一个试图伤害你的仇敌。

所以一定要在这个境界升起来的时候,去返观内视你维护自我的那个恐惧感,并且将他拥入怀中。"上主爱你,你是被上主爱着的,你是安全的,上主爱着你",反复给自己说这句话。然后给自己内心里面,试图伤害你,而且已经被他伤害得伤痕累累的自己说:"我宽恕你,我宽恕你,宽恕你。"

学会这三句话：宽恕你，祝福你，我爱你

这时候你，如果你真的没有力量去宽恕你内心里面那个仇敌，你先宽恕那个被他伤害的你自己，去拥抱他，呵护他，体谅他，温暖他，去爱着他，去将你伤痕累累、胆怯的那个自己，拥抱在你的信仰当中。你的信仰当中有神，而那个神是天堂的主人，祂是无限的光明、无尽的爱，祂是永恒的温暖，和永垂不朽、未曾改变的生命。祂永远无偿地爱着你——祂过去爱着你，现在爱着你，未来依旧爱着你。在祂的爱中，你是安全的。祂对你的爱是无条件的，没有分别、没有差异的接纳。

◎先宽恕被伤害的你自己

你和爱是一体的,先去爱你自己,让你的爱,让天堂的生命的爱,让那个光明无尽的温暖,去呵护你内在被别人伤害的心。将你内在被别人伤害得伤痕累累的恐惧的那个心,那个紧缩的、痛苦的、恐惧的那个心,放在无穷无尽的光明的、纯净的爱当中。

那个爱,才是你真正的归属;那个爱,才是你生命的本来;那个爱,是上主对于你无条件的接纳,无穷尽的呵护与拥抱。让你的心在上主的温暖和光明的爱中休息。直到你的心灵在爱的温暖当中,在绝对的安全的温柔当中,苏醒了那健康和纯净的笑容的时候,你就有力量去宽恕,你内在对那个仇敌的记忆了。然后你对他说"我宽恕你,我原谅你",说一万遍。

♡爱是唯一不变的答案，永恒的终极答案

◎真正的爱是源自于灵魂的无私

爱，他不是一种表现，爱是一种状态。那么我跟你们说一个感受啊，你们每一个人，对人生，对自我，对自我所经历的人生都是有体验的，都是有体验的记忆的。你们有没有感受过呀，就说是你去爱一个人的时候，那种心里面升起来的那种幸福甜蜜，那种轻盈的、纯洁的感受。

这种感受的话，你去爱你孩子的时候，会有。你抱着你新生的女儿和儿子的时候，内心里面泛起来那种无条件地为他付出，去承担他的一切，那种心愿，那种心愿里面没有爱情的那种波动，但是他却是更深邃的，发自于你灵

■ 以生命之中最纯洁的爱，去祝福别人；
以灵魂深处最纯洁的无私，去宽恕别人；
用心灵之中最温暖的体谅，去接纳别人。

魂和生命本质的一种接纳。

还有你去爱你的父母，或者想去报答你恩人的时候那种爱，你心存感激，心存无条件地去为他付出，为他赴汤蹈火，为他肝脑涂地，粉身碎骨，在所不惜，没有怨言的

♡爱是唯一不变的答案，永恒的终极答案

那种愿望，这个也是爱。

还有另外一种爱，这种爱就是在你们人生当中，或多或少，都是你有意识或者无意识当中，曾经经历过的体验，就是无偿地帮助别人。

这个人你不认识，你看一个人摔倒了，然后他身上的这个，拿的这个蔬菜啊，滚落了一地，旁边都车水马龙，很危险。你奋不顾身地跑上去，你不顾及自己的安危，跑上去把他扶起来，并且帮他把地上的东西捡起来，帮他把衣服上的土打干净，然后把他搀扶到路边坐下。

这个时候你内心里面，没有想过自己会被他讹上，自己会被车撞了，自己会不会有生命危险。你只是想一心一意地，单纯地想帮助这个人脱离困境，帮他解决危险，但是却不求任何回报，没有任何自我保护的，这种下意识、无意识的举动，这个也是爱。

◎真正的爱是源自于灵魂的无私

这种爱给你带来的，他不是情感的波动，这种爱给你带来的，你们自己仔仔细细去回忆，在你无条件无偿地去帮助别人，却没有任何索取，没有任何自我保护的那种状态的时候，你的内在，会有一种很欣喜的、很欣慰的安宁感，一种喜悦感。记住了，这种安宁和喜悦感，那是你灵魂的爱。

灵魂的爱，就是一个无所求的，没有自我保护的付出，这种爱是接近于天堂的爱。爱的本质、爱的核心一定是无私，有私的谈不上爱的。

今天我看到一个姑娘很漂亮，丰乳肥臀，长得一米七几的个头，皮肤白嫩得跟那个鸡蛋清一样，长得真是羞花闭月的。看了之后，人就恨不得想要升起犯罪的冲动来，你爱她爱得死去活来的，每天晚上，每天每天睡不着觉，安眠药一把一把的，吃得都止不住对她的思念。那个不是爱，那个叫欲望。

♡爱是唯一不变的答案，永恒的终极答案

当有一天呢，你看到这个女孩，跟另外一个男人在一起的时候，你心生妒恨，由爱生恨，恨不得把这个姑娘毁容了，恨不得把追求那个姑娘的那个男人给宰掉。这个不是爱，这个是人格的欲望。

真正的爱是不看名相的，真正的爱是脱离了名相的，真正的爱是源自于灵魂的无私，来自于那种无私的纯洁。只有无私的纯洁，才能唤起灵魂对天堂的记忆，而天堂的记忆，那就是无私的爱，纯洁的爱，永恒的爱，无条件的爱。爱，就是天堂。

◎爱自己才能爱别人

学生：学生业障深重，内心缺乏爱和温暖，请问老师，内心如何充满爱和温暖？

老师：去爱自己，宽恕自己，让你的心灵，在爱之中苏醒温暖与安宁，学习爱护自己，你才能去爱别人，爱是需要学习的，那就是体谅、理解、拥抱、温暖、宽恕、付出、接纳、柔软。

♡爱是唯一不变的答案，永恒的终极答案

◎主是爱你的

学生：很感恩老师，我的嗔恨心比较重，自我维护的心比较重，以及恐惧心比较重，请老师开示。

老师：因为你今生所经历的一切，都是你过去世的因缘所兑现的。因为你过去世是一个当管家的人，对于你曾经的下属啊，那些佣工啊，丫鬟啊，雇工啊，很刻薄，所以今生的这些业它都会兑现出来。

我给你的修行没有什么特别好的建议，就是你要学会去爱自己。你内心太苦了，你内心我看到的是，泡在一滩苦水里面，没有任何时候你是获得过幸福的，永远都是被

◎ 主是爱你的

委屈、被指责、被冤枉、被辱骂、被无缘无故地训斥否定，你已经形成习惯了，所以你内心里面充满了委屈与黑暗，充满了这种不甘心，但是却无可奈何的这种委屈、无奈感。

你要相信："主是爱你的，圣主是爱你的。"所以你也要像祂爱你一样去爱自己，这个就是你人生的功课，好吧。去爱自己，主是爱你的。你就记住我这句话就可以了：圣主是爱你的，永远都是爱你的，无论你做错什么，祂的爱永远都陪伴着你。

你要在你的身心深处，找到祂的爱，那个就是你的修行，好吧，给你讲多了之后没有意义的。"圣主是爱你的！"好了，记住这句话就好了。

♡爱是唯一不变的答案，永恒的终极答案

■　　圣主是爱,圣主爱你。

◎不离弃的爱，不消失的包容

每一次当你想要造反，揭竿而起的冲动背后，都是一颗失去爱的灵魂，在通过此类冲突，寻找缺失的安全感。

错认为，激烈、狂暴、愤怒，是代表了力量，其实你的潜意识中最渴望的是，永恒不变，永不离弃的温暖与安宁。

你真正想要的，只是"不离弃的爱，不消失的包容"，如果你的灵魂真的感受到深深的浓郁的爱，不变易的爱，你绝不会有性格鲜明的宣泄。

爱的性质是信任,安全,无私,付出,快乐与安宁的分享,是没有私心杂念的承担,是无条件的拥抱,是发自内心温暖纯洁的接纳。

因为当灵魂不再孤单,不再恐惧,不再暗自神伤,当灵魂处于温暖与安宁,当灵魂本身幸福且光明,你是无法体会到外界的丑恶与伤害的,即便你看到了不平的事情,看到了龌龊的现象,你的反应也是温暖平和的,因为,真正的温暖与爱,绝不可能被外界的现象所改变。

案例

◎被遗弃的我，从阴影走向光明

四岁父母离异，父母当着我的面说不要我，我每天没完没了地哭，爷爷好心一直抚养我，但却在我小学五年级时去世了。之后住在奶奶家，奶奶对我非常苛刻又嫌弃，姑姑们也都尖酸刻薄地指责我。

妈妈改嫁后，只有周末能短暂相处。她性格暴躁易怒、精神分裂，经常会因为一点小事而突然间暴骂我，而且不准我哭。她只能关心我几天，之后就会对我极度挑剔，充满嫌弃和指责，喜怒无常地把我当成发泄情绪的工具。

♡爱是唯一不变的答案，永恒的终极答案

我一直活在被抛弃的阴影里，总觉得世界都抛弃了我，自责且自卑、脆弱，没有面对现实的能力。指责、刻薄、惊恐的持续累积，三年前开始，连续经历了几重打击，我彻底丧失了工作能力，内心完全封闭，每天只能躺在床上，什么都做不了，大部分时间神志不清，说不出话来，伴有厌食，脑海里全都是身边的人要伤害我的场景，极度地惊恐，怕受到伤害。

遇到真理以后，明白了缺爱、委屈、痛苦的不是我，外界也并没有人伤害过我，一切从未发生过。所有的一切，都是因为遗忘了爱，遗忘了真正的自己，而沉沦在自我维护的恐惧中。

内心升起恐惧、嗔恨、绝望、惊恐时，认出他，对他说：你不是我，我宽恕你，我不再维护你，我只相信真神，不相信你，真神的心才是我的心，我把自己交给真神保护，不再自己保护自己。我爱你，宽恕你，我原谅你，我祝福你。

■ 去用心灵深处的温暖，去体谅原谅你的人格自我。

慢慢地，内心逐渐舒缓了，以一颗体谅、理解的心，去与内心的刻毒、阴冷、仇恨、自私等黑暗记忆沟通，用学法来清洗他们错误的观念，听法来舒缓他们的恐惧紧张。

持续践行宽恕一年多的时间，我已经在家工作了，在真理中重新树立了正确的价值观，有安全感，情绪稳定。内心已经可以接受现实，不再躲避，有心理承受能力。

♡ 爱是唯一不变的答案，永恒的终极答案

现在经常有巨大的光明力量从后脑穿透身体，内心不再软弱无力，充满了力量，充满了正能量，每天都感受到与真神同在，内心越来越舒缓安宁，常有温暖和安全感相伴，有时会感受到极尽的幸福与无尽的满足。

外在的世界只是薄薄的一张纸一样，人类的世界干瘪没有内涵，又不真实；而那种极尽的幸福，却尤为真实。

案例

◎ 丧偶的苦和痛，被爱与宽恕取代

回忆自己的大半生，底色就是苦和累。

今生最大的痛苦是老公的离世，那年他33岁，我30岁。1995年4月，老公查出肺癌，从此苦来了。老公是我的全部，爱他胜过一切，他倒了，我的天塌了。眼睁睁地看着他被病魔折磨，直至离去，我无能为力，只有无奈、无助、绝望和悲伤，心像猫咬着一样痛，血一滴一滴地滴尽而死。

自己常常一个人，茫然地望着天，自言自语："为什么会这样？明明好好的一个人，怎么说没就没了呢？"就

♡爱是唯一不变的答案，永恒的终极答案

像做了一场梦，让我难以接受。如果早晚都是死，那现在活着是为什么？原来"永远"是这么短暂？原来在死亡面前钱真的没有用！没有人能给我回答。

老公走后，自己就成了一具行尸走肉，对生活失去了热情，将所有的痛苦压在心底，装着坚强和儿子过了二十多年，苦和累的体验一直伴随着我。

经历了生离死别，对"生病"和"死亡"充满了深深的恐惧。怕身体生病，怕遭罪而死，更怕心灵的痛苦煎熬，想逃离到一个没有痛苦的地方。这时遇到了邪教轮法，"永不吃苦，永保人身"的宣传符合了当时的需求，紧紧抓住不敢撒手，以为找到了真理，哪知邪知见就这样种下了，谤佛谤法，歪曲佛义，执幻为实，不停地想获得，越想得到越得不到，每天生活在幻想中、恐惧中，上不着天，下不着地，最后是身心疲惫，惨不忍睹！

直到2015年遇到老师和真理，知道终于遇到正法了，

◎丧偶的苦和痛，被爱与宽恕取代

只有老师可以救赎我，再不到处找寻了，紧紧追随，从未离开。如饥似渴，学法践行，不敢懈怠，倍加珍惜！

"痛苦是我们内心的拒绝。"

——《接纳（壹）》（2016-04-18）

"修行啊，你的一生，就是你的心与自我过的一辈子。外界没有别人，世界只是幻影，修行就是内心深处，心识分别，与所分别的幻影在对话的一生。"

——《曙光》（2015-08-25）

"以爱融化自我，以爱宽恕罪恶，以爱接纳因果，以爱消散恐惧。自我融化于爱，这就是出离；以爱包容世界，用爱拥抱苦难，这就是出离。心中的爱，融化了自我，就不会有我与他人的分别，众生与我，皆是光明。"

"不要回避现实世界，现实的世界，无一不是内心习气记忆的投射。我们包容了内心，就善待了世界；我们接纳、包容了世界，就拥抱了心灵深处孤单的灵魂。"

♡爱是唯一不变的答案，永恒的终极答案

——《造物主——大爱》（2014-10-30）

是老师的这些法语解开了我的疑惑，慢慢地接纳了自己的抗拒，接纳了自己的命运，接纳了自己的痛苦……多年积压在心底的痛苦体验一次次被释放释怀，终于有一天明白了，自己所经历的一切都是上师的爱，只要能走上解脱之路，一切都是诸佛菩萨的加持！唯有真理可以解开这一切，唯有真神有这个威神力！

2022年9月，正好我也退休了，有大把时间泡在法中，但我忘了，我是曾经的邪教徒。

"大量的，海量的学法，对于这些诅咒过神佛的灵魂而言，都只是隔靴搔痒般，起不到任何净化身心，唤醒灵性的作用，这些灵魂的罪业太深太深太重太重了。"

"同样的修行时间，同样的学法强度，同样的真神救赎，在同等条件下的修行者身心内的灵魂状态，邪教徒与

◎丧偶的苦和痛，被爱与宽恕取代

普通人是天壤之别。

邪教徒无论如何艰苦学法，无论他如何刻苦，如何虔诚，如何弘法，如何忏悔，可是灵魂很难与真理相应，灵魂很难唤起激动与感恩的欣喜。

邪教徒会拿着邪教的认知，来认知真神的教法，看看这个教法，能够为自己带来什么好处。"
——《立帖为证》（2022-09-18）

是的，我就是这样而不自知，很着外相、着文字相。也在践行爱与宽恕，但是是在思维中，去给烦恼欲望找理由——"他也不容易，宽恕他吧"，是在忍，在委曲求全，是人格自我在宽恕人格自我，哪能宽恕得了？所以走得很累。这些体验融化不了，时不时地返上来，被他带动。就这样形成一个循环，出不来。

"而邪教徒的身心内，完全看不到一丝光明。

♡爱是唯一不变的答案，永恒的终极答案

他们的心灵体验，是坚硬的，冰冷的，恐惧的，焦虑的，残忍的，恶毒的，自私的，邪恶的，仇恨的，黑暗的。

因为信受邪教组织的谎言，心中的自我体验，被欲望牵动，邪教徒期盼自己成佛作祖，以自我人格利益最大化的目的，主导人心的起心动念，欲望与贪婪将灵魂塑造成狂妄自大、邪恶冷酷、目空一切的感受。"

——《立帖为证》（2022-09-18）

老师的话就是我的真实写照。

从心里认识到了，就开始行动，发大愿，祈求老师加持，今生一定破除邪教知见，树立正知见！用老师的法去对比轮法，果然，被邪知见凝固的心灵体验都被真理的光明给照射出来，得到真神救赎。

"唯有真神的穿透性光明，智慧威神力，可以摧灭裹挟着灵魂的，遮天蔽日的罪业，可以突破包裹灵魂的，不可思议厚重如虚空浓雾一般的业障，让它们的灵魂看到一

◎丧偶的苦和痛，被爱与宽恕取代

丝天堂的光明。"

——《立帖为证》（2022-09-18）

老师的话真实不虚！

2024年的1月1日，通过一次交流，终于发现了那颗"获得心"：他因为获得不了而痛苦，怕失去了而恐惧，他因为付出这么多年而累得发狂抱怨。

用邪知见学法，方向不对等于白费，这颗心崩溃了；怕失去老师的保护而吓得浑身瘫软；为了追随真理，起早贪黑，不敢放松而累得发狂……

这些体验一连串地来了，我选择真实面对，法就给展现出来，顺着找到了体验的源头，是获得和对失去的恐惧。也就是从老公患病，就开启了这种模式。

因获得不了而痛苦，怕失去老公而恐惧，为家庭付出

♡爱是唯一不变的答案，永恒的终极答案

这么多年而叫累喊怨。这么多年苦和累的底色终于彻底翻篇了，取而代之的是爱与宽恕。

邪知见的危害，它渗透到了生活的方方面面，过去一直被它所活着。如果没有上师宣扬佛知见，我这个邪教徒进了无间地狱都不知道咋回事！

根源融化了，身心松绑了，彻底从家庭的束缚中解脱了，解脱的感觉很美妙。然后就从攀缘外相转到了内心，就觉得这些年从没有修行过，一直在相上打转，这次终于转过了这个弯，真的很开心。

心外无物！心内求法！心地心地没别的，加油！

福报功德

◎父亲的灵魂去了天道

今天有个朋友,因父亲病危而捐款印书,这种行为是应当的;因为真理是通往天堂的桥梁,真理背后蕴含着漫天神佛,弘扬真理等同于拯救灵魂,助印真理等同于供养神佛;这颗发心与具体行为确实可以增长福报,而供养诸佛的功德确实可以超度灵魂,这类事情我是亲身经历者,有过切身的经验体会。

最早得知,助印可以超度去世的灵魂,此事发生于2011年。

是当年的一位学生告诉我的,当时的我

◎父亲的灵魂去了天道

对此事绝对不相信。

当年他供养我现金我没有接受，后来他就拿着钱去印书了。

半年后，清明节他去给过世的父母上坟。
清扫墓地后，去找他认识的几位出家师父。
询问他去世父母目前的情况。
想为阴间父母的灵魂，做些力所能及的事情。

他认识几位有神通的，道家的道士，还有几个出家人。
那个时候他不知道我是谁，所以不真正相信我的力量。
一边和我学习，一边又去与其他人学习。

他找一个道士，询问他死去的亲人的情况，那个道士观察阴间后问他：你这半年内做过什么巨大的功德吗？为何你的亲人在几个月时间内，被一种神圣强大的力量，超度到天道去了。

他不相信，找另外一个有神通的人去看，结果也是一

♡爱是唯一不变的答案，永恒的终极答案

样。

于是他过来问我，他父母的情况。

我从小天眼就是开着的，可以看得见天道神灵，以及阴间灵魂。

我看到他的亲人，确实处在天道的第三层世界中。

于是如实告诉他，他父母被神圣强大的功德力，超度到第三层天道去了。

但是我并不知道，这个强大神圣的功德力与我有关。

他听我说完父母的情况，惊讶地说道：你们三个人说得一模一样。

最重要的是，连我父母去的第几层世界，你们说的都是一致的。

他回忆自己这半年来的言行：

并没有去寺院放生，捐助资金，做水陆法会，或者斋僧供养。

就是将供养我的现金，拿去助印我的书籍了。

◎丧偶的苦和痛，被爱与宽恕取代

平时做一些校对文字的工作，仅有几次为他人介绍真理而已。

就这一点微小的，不值一提的弘法行为，

却在微观世界中，展现出如此不可思议的功德。

听闻他亲口诉说的经历，我略微有所触动，但是并未上心。

因为在修行者的观念中，"福报功德"那是鬼魂才用得上的东西。

我是豁出生命所有，一世解脱的正觉者，要功德福报干什么用？

对于功德福报的在意，只能够将修行者的心，留在生死轮回之中。

所以潜意识中，对于福报功德，修行者是拒绝甚至于排斥的。

这些年陆陆续续，听闻很多人，因为弘法出现的神奇的事迹。

♡爱是唯一不变的答案，永恒的终极答案

加上自身经历的，罪业转福报，福报转功德的过程。

经历了身心微观世界中，灵魂性质的真实改变。

这才从心灵认知中，彻底扭转了我对福报的偏见。

◎ 福德缺失的后果

我家乡有一个朋友，从 25 岁起得了一种怪病。

重症肌无力，残废一般地活着。

天南海北，全国各地求医无效。

几十年来不能正常地工作生活。

普通人的正常生活，对于他而言属于奢侈品。

以神通观察他生命微观，福德已损耗得干干净净。

微观世界中罪业如海，黑云笼罩不见天日。

所以，即便现实生活中他家境富裕，有几处房产。

可是，他自己切身的体验，却是生不如死。

在人生经历中，面对着不可抗拒的灾难。

♡爱是唯一不变的答案，永恒的终极答案

危机时就体现出，福德承载生命的力量。

福德缺失之人遇到丁点磨难，人生就会断崖式下跌。
并且当跌至谷底后，就再也没有，重见天日的机会。

而福德深厚的人，即便遭遇飞来横祸诸种灾难，
看上去妻离子散，经受着人生煎熬，
也能很快地，化险为夷，遇难成祥。
这类事情我见过太多，亲身经历的太多了。

福报功德对于普通人，就是你在"如来"那里买的终身保险。
平时不能将福德转为现金，将功德福报变成你的生活资粮。
可是，在你蒙受灭顶之灾的时刻，
你的坚贞信仰，与弘法福报结合在一起，
就能邀请庇护你的神佛，为你兑现福德的"保险单"。

◎福报的根本

宇宙，是众生身心内"见性"分别，投射出，见性内的"知觉"对灵性的回忆。

知觉是堕落的"灵性"，灵性对天堂本体的记忆，透过知觉梦境，投射出"心灵见性"的分别；灵性是永恒的，纯洁的，安宁的，幸福的，无限的，完美的，极乐的，灵性就是天堂；而见性，是心灵的根本；见性投射出的分别，是知觉的梦境，对灵性天堂的回忆与模仿；对天堂的回忆与模仿，通过见性折射出"地水火风见识空"，构成宇宙万事万物的七大元素。

宇宙源于心识，世界与自我，源于见性分别；世界唯心所现，命运只是见性中，所见分别呈现出来的，业境因

♡爱是唯一不变的答案，永恒的终极答案

缘而已。

现在，让我们看看人类所谓的"福报"。
人类认为的福报，是有钱，有地位，受人尊重；
对应着灵性天堂的丰盈完善，尽善尽美。

身体健康，容貌艳丽，一生平顺，心想事成；
对应着天堂中，生命爱之语言，所表现光明形态的，纯洁纯净，自由无限。

青春常驻，家庭圆满，子孙满堂，事业有成；
对应着天堂的永恒完整，天堂是永恒的幸福与极乐的无限。

有花不完的钱，声名远播，身份显赫，一生无灾无难，得享高寿；
对应着天堂无限无边的幸福安宁，丰盈无缺，心想事成。

◎福报的根本

人类看不到灵性宇宙。

因此,无法设身处地地,切身体验人间与天堂之间,天差地别的差异。

可是我现在时时处处,都处于天堂之内;这具身体核心的体验主体,也就是心识见性"内在",就是天堂的灵性光辉;因此,我与天堂、三界同在。

天堂与六道,对于修行者,是刹那中的,全息立体完整呈现。

修行者看得到,构成今生"自我"人格的,心意人格信息内涵。

看到"我"之起心动念中,每一个念头深处的,无量细腻的记忆习气。

看到与心识"思量"记忆连带着的,在层层叠叠深邃的微观世界中,随着因果相续,业力习气牵动思量,在无尽的业力世界中,随过去未来时间牵动,随因缘演化出来的,无尽细腻维度世界中的,无量无边不同形态的"我"。

♡爱是唯一不变的答案，永恒的终极答案

"我"的心意概念之下，不仅是个体意志的信息内涵，而且连带着，庞大无边的，三界六道生死轮回体系。

修行者目前，从个体意志的境界中解脱。
以原始生命的，完整灵性光辉普照六道。
同时普照灵性宇宙，同时普照三界人间。
详细地知道，人间与天堂的相似之处，以及不同之处。

天堂就是灵性，是原始生命本体，是众生灵魂本源；换个角度说，众生的真正自己，都源自于天堂，或者说，众生迷失了天堂，而迷失的自己，恐惧中投射出人间的"噩梦"。

人性之中，蕴含着天堂的特质因素，将天堂的因素提取出来，以人类的品行表达，就是纯洁无私，廉洁公正，光明温暖，宽恕奉献，坦荡承担，以及无条件的爱与接纳；任何人，无论此人人间的身份如何，他的心灵境界，只要符合了以上标准内涵，此人的心灵内涵就与天堂同步，天

◎福报的根本

堂的光辉就会通过他内心的品行境界，在此人的肉体身心中折射出来，灵性宇宙完美无瑕、永恒无限的光辉，灵性天堂通过人体在人间折射出来的光辉，就会呈现出，人间能够想象到的，最大的最根本的，无限的福报，那就是"圆满永恒的幸福"。

以最简练的语言，高度概括福报："信神、信佛"的虔诚之心，就可以激发人心之中的善良与温暖，愿意践行宽恕与真实的心，就会与身心内在的灵性相辉映，灵性就是天堂，当人心遵循信仰，虔诚真理，践行宽恕与爱的温暖，天堂的圣光就会自内而外，普照此人的身心肺腑，滋养此人的觉受感知，净化此人的心识自我，淡化塑造人格的业力记忆。

久而久之，虽然此人的形体，依旧在人间世界，可是内在的体验感受，却会恒久地处于温暖安宁、纯洁欢喜、微妙极乐、纯净光明的天堂境界；对于内心光明充盈、美妙欢畅、安宁安全的人而言，现实人间生活的状态，真的

♡爱是唯一不变的答案，永恒的终极答案

不重要，无论你是富贵是贫贱，是健康是病痛，是乞丐是富豪，现实身份与现实生活条件，丝毫不会影响到你内心完美天堂的极乐体验，与感受中的无限幸福；因为现实生活中的，所谓"人生"，根本上是心识分别投射出的，心灵见性对"所见"分别的记忆；而见性源于灵性对天堂的记忆，当，人心体验之中，天堂的记忆苏醒，那么，人心对人间的思绪记忆，就会被内心深处，灵性对天堂记忆的光明所冲淡，于是，无论你身处何处，灵性天堂的光辉，都无法被人心意识所左右。

　　这就是福报的根本。

说到底,对于人类而言,什么是福报?
对天堂的渴望,对真理的虔诚,
对神佛的选择,可以改变宿命,
可以蒙受恩典,可以起死回生,
可以返老还童,可以消灾避难,
可以荣登天堂,可以解脱生死。

♡爱是唯一不变的答案，永恒的终极答案

◎福报和功德的区别

看到了此人灵魂微观宇宙的实相，吓了我一跳。

原本已经干涸，黄沙漫天的深渊绝壁中，伫立起一座高耸入云的，金碧辉煌的金色山脉。

就好像，马里亚纳海沟中，升起来喜马拉雅山，而这座山是金子构成的，金山绽放着夺目璀璨的万道霞光，万丈金光照耀着灵魂所处的整体世界。

金山高耸入云，直达天庭，几万米高空中飘浮的云朵，围绕在金山半腰。

仔细观察她灵魂世界中的变化，确确实实让我瞠目结舌；我见过太多太多，人间有大福报的人，这些人要么是前世修善积累的功德福报，要么是今生修行累积的善业福报，他们的生命微观世界中，灵魂所处的世界范围内，福

◎福报和功德的区别

报的体现是充满虚空的白色云朵，就好像新疆棉花丰收的时节，堆满荒野戈壁滩的棉花垛子，福德的体现就是白色的，像是棉花垛一样的小山。

而此人灵魂背后的世界中，竟然是金山。

这是功德力，而不是福报力。

如果非要换算的话，那么，十亿吨棉花垛子的福报，也无法换来一微克黄金功德。

因为，功德与福报，属于不同空间的物质，福报只针对能量宇宙内的众生，而功德，是踏入灵性宇宙才可能拥有的资粮。

有点类似于，光线与泥土之间的对比，

不仅仅是形态与质量的不同，而是性质截然不同。

人世间拥有巨大福报的凡人，可以用福报换取荣华富贵，遭遇灾难时遇难成祥，健康长寿子孙满堂，在风风光光过完一生后，灵魂携带剩余的福报继续转世轮回，投生于不同的善道，以凡夫心继续生死轮转，直至福报消耗完

♡爱是唯一不变的答案,永恒的终极答案

后堕落恶道,以饿鬼、畜牲的形体偿还"识心分别"营造的我执罪业。

而拥有功德的灵魂,因为功德无法转换为福报,功德是神才具有的资粮。

因此,此灵魂反而不会在人间,体现出自我享受的荣华富贵。

恰恰相反,因为这个灵魂,具有了成神的资格。

那么此人就必定遭遇,自心性中"提纯"灵性的过程。

◎福报和功德的区别

■ 此人的灵魂，在经历人间无数次打击，践踏，蹂躏，摧残后。
依旧不改对"宽恕"的信仰，依旧以圣爱的温暖拥抱世界。
依旧以爱的温暖善良，面对黑暗的人性。
依旧以宽恕的信仰，温暖伤害她的邪恶。

♡爱是唯一不变的答案，永恒的终极答案

案例▎

◎三次破产后的重生

说一说我的十三年来真实的经历，如若不是遇到老师、遇到真理，我早已万劫不复。

2011年我先生做期货，大概亏了1000多万人民币。那是我们第一次破产，当年我24岁，我先生28岁。

2014年到2015年之间，终于赚到一些钱，大概赚了1个亿人民币，没想到，紧接着1个亿竟然就全部亏完！为此我们卖了两套房，但完全资不抵债。这是我们第二次破产。

第三次破产在2022年，我先生做医药股失败，差不

◎ 三次破产后的重生

多又亏损超过 5000 万人民币。

这三次是人生中主要的大破产，其余大大小小的投资失败，懒得赘述了。准确地说，我们整整破产了 12 年。

失眠、焦虑、抑郁、幻听，多年以来各种症状如影随形地跟着我，我常年需要依靠精神类药物治疗，根本看不到希望的人生，如堕入地狱一般，每天都觉得生不如死。

前几年无意之中在网络上看到老师的文章，又无比幸运地听到老师的音频，从那时起，我的命运齿轮就开始转变了……

从得遇真理，我没有一天离开过老师的声音，渐渐地，我内心不再急切地往外攀缘，懂得了心外求法如沙蒸饭，慢慢地，内心的安全感越来越足，压抑慢慢消失，失眠等都在逐渐好转。老师教我们宽恕和爱，不定义的宽恕，无分别的爱，以爱去温暖自我，以爱去包容自我，以爱去宽

♡爱是唯一不变的答案，永恒的终极答案

恕自我，以爱去接纳一切。

伴随着心灵的痊愈和身体的逐步健康，我把老师的文字和音频也分享给了很多生活在迷茫中的人，越分享越开心，越分享改变越大。与此同时，我先生的事业也开始好转，欠债越来越少，仅仅几年时间，我们就基本还完了巨额欠债，这是我们曾以为一辈子都不可能还完的债！

现在我内心很幸福，每天都活在放松、平静、安宁的身心环境中，而且很富足的——精神富足，物质富足。

是老师救了我的命，是老师重新塑造了我的生命，老师就是我的再生父母。如果没有老师，我们与活在地狱里的鬼没有任何区别，感恩老师教会我们：所有苦难的根本原因是遗忘了爱，失去了爱的灵魂才会恐惧，恐惧的心灵才会去攻击别人，宽恕那些"无法宽恕"的自己，唤醒爱，就会被神之爱救赎，唯有爱可以融化苦痛，爱之光能会修复肉体细胞身心。

◎三次破产后的重生

■ 以爱去温暖自我,以爱去包容自我,
以爱去宽恕自我,以爱去接纳一切。

♡爱是唯一不变的答案,永恒的终极答案

案例

◎足不出户,收入翻10倍

五年前,我身体虚弱,这不能吃那不能喝,不能玩游戏,不能看电影,普通人的正常生活,对于我来说就是奢侈品,这就是没有福报的表现。

同时,由于身体的原因,我不能正常上班,只能失业在家。看着银行卡的余额越来越少,时常会因为未来的生存而焦虑恐惧。想着在网上卖点小东西,也好不到哪儿去,每个月只有微薄收入。

后来学习真理,我开始改过自新,按照老师的教导去实践宽恕,去做法布施。焦虑恐惧的内心,逐渐被爱和温

◎足不出户，收入翻 10 倍

暖融化，我慢慢感觉到，生命开始上升，福报开始累积。去年，竟然有一份既轻松又适合我的工作，主动找上了我，我平时足不出户，机缘自动就来了。最近几个月，每月收入已经可以达到以前的十倍左右。

现在生活上宽裕了，很多东西想买就买。内心很富足，这种富足并不是物质上拥有很多，而是内心感觉什么都不缺少，不会紧张，不会焦虑，不会担心未来，很安逸，很舒适，很幸福，一种什么都不缺的状态。

这就是福报上来了，原来福报除了体现在物质上面，更体现在内心的状态上。这一切都是真理的赐福和馈赠，虔诚真理是无比的温暖幸福。

我有一个中产二代的朋友，他虽然物质上什么都拥有，但是工作、生意不顺，总是担忧未来，和他聊天能感受到他的内心的贫瘠、焦虑、担忧，这就是缺乏福报了。

♡爱是唯一不变的答案，永恒的终极答案

　　福报足够的人，哪怕现在物质上缺少，内心也不会感觉自己缺少什么，会觉得以后会有的，很少焦虑，很少担忧。

驱逐灵体

◎无论何种附体,都能痊愈

学生:(被附体)那段时间,我整个人是极度无力,昏昏沉沉,眼看着生命力一点点抽离,内心恐惧,凭着求生的欲望和对老师教法的相信,坚持学法抄法,慢慢缓过来,现在学法时而精进,时而懈怠,但内心越来越坚定了,会永远跟随老师修行。

我还是想解惑,到底有没有附体,若有,是什么附体,以后他们会祸害人间吗?(节选)

■ 动物没有理智，没有戒律，没有道德观念，拥有超凡能量的动物精，就一定会，注定会败坏人间伤害人类。

老师：整体三界六道，在法界圣贤眼中，犹如指尖一粒沙；众生累劫轮回生死中，滚滚业障无尽黑暗，在真神眼中就是手心中的灰尘，无足挂齿。

让人类谈虎色变的"附体"，在圣殿之中就是微生物，让宗教徒战战兢兢，闻风丧胆的妖魔鬼怪，在圣殿中就是螨虫。

这些侵扰人间的祸害，对于真修行者而言，不值得谈论，就是一个笑话。

♡爱是唯一不变的答案，永恒的终极答案

听着我的音频去生活，无论你身上是何种附体，都百分之百能痊愈，只要你的灵魂与真理同在，没有任何邪魔外道可以恐吓你。

我保证这一点。

真理可以超度灵魂升入天堂，这是何种威能？

真理可以起死回生，这是何种神迹？

附体、冤魂、鬼魅，在你的心灵与真理相应的那一瞬间，都会被法界圣光普照，要么被慈悲之光超度，要么被威神力熄灭，这就看他们自己的选择了。

神人有别，你们千万不要用卑微的人类心意，去揣测真神的慈悲与威神力，只要你的心愿与信仰同在，三界中没有任何生命可以威胁到你。

因为信仰，与诸佛同在。

◎无论何种附体，都能痊愈

学生：回顾学法三个月来，我感觉以前的外道附体，还在跟着我，扰乱我，阻碍我的学习。

老师：24小时戴着耳机听我的讲法，所有的音频都过一遍，可以彻底治愈你身上的附体，你在听法的时候，内心要有一个愿望：老师的声音才是我的思想，其余的一切想法都不是我，这样就是打开了心扉让真神住入心灵之中，真神之光就会驱散你体内的低级灵体。

♡ 爱是唯一不变的答案，永恒的终极答案

案例

◎ "双修"邪魔附体被清理

2018年—2019年期间，我先后遇到两位邪师，一个是拍打的魔鬼，一个是自称密宗的邪师，且由于无明业障深重，均与以上两位魔鬼"双修"过。并且在很长一段时间内，深受自称密宗的邪师的邪灵附体干扰，苦不堪言。

在与邪师交往的那段时间里，曾经有次在泡澡时，身体出现了不正常的燥热，甚至有一小段时间感觉到有一个大长舌，不停地在我肚子里扫卷着。曾经有一天，莫名其妙地，突然间身体发冷，头痛欲裂，上吐下泻，浑身无力，从中午延续到下午六点，后来又莫名其妙地瞬间好了，一点事都没有。我发微信询问对方，他回我说：想你了。后

> ■ 附体的男人，你要是被他双修了，你的灵魂就彻底完蛋了，他不仅仅是色鬼流氓那么简单的性犯罪者，而是食人精血的妖魔。

来又陆续发生过几次，都是他在意淫我的时候。他曾经在我肚子上有类似于画符的动作，嘴里还念念有词。

2020年10月正式抄法，两个月后，业障开始出现，周末时候，邪师那边经常骚扰我，我会头晕，太阳穴像被上了紧箍咒一样发紧，有时候又头痛欲裂，身体发冷，时

♡ 爱是唯一不变的答案，永恒的终极答案

而伴有上吐下泻，痛得没有办法走动，经常一天 24 小时就只能半躺着，生不如死。

有次我实在痛苦得受不了，想着求他放过我，这一念起，我感觉到的却是他对我的恼羞成怒。后来我拉黑删除了他的所有联系方式，彻底远离。

这样的日子断断续续长达 4 个月，如果没有老师的慈悲救赎，如果没有真理的清洗，如果没有凭着单纯的信，真的难以想象那段日子我要怎么坚持过来。

学习真理后，我一次医院都没有去，一粒止痛药都没有吃，实在难受的时候，就在头上倒满风油精，不停地敲打按摩，同时整天整夜 24 小时地听法、听《梦》，一步都不敢离开老师的声音。

老师曾开示某位师兄："当你的灵魂，完全没有保留地，托付于真神时，附体就会被护法神清理，生命就会被天堂

◎ "双修"邪魔附体被清理

所救赎。"

果真如此,跟随老师学法两年后,那种被灵体侵扰的感觉一点都没有了,身体越来越好了,皮肤透亮,眼睛明亮,身上散发着青春洋溢的气息。心灵也越来越柔软,真的是脱胎换骨!

♡爱是唯一不变的答案，永恒的终极答案

案例

◎青年被鬼上身

我儿子有一位好朋友，在白俄罗斯读书。这个小伙子回国后，某天来我家里吃饭时，一进门就发现他身体上的异样，他的头每隔几秒就不自主地点一下，直觉告诉我，他被附体了。于是，我立刻结缘给他恩师的小播经机和大播经机，并嘱咐他小的24小时挂身上不要离身，大的在客厅里播放，要24小时开着。

后来小伙子反馈说，第一天拿回家就睡了个安稳觉。在此之前，自从回国开始，他每晚睡觉都会梦见刚过世不久的外公。

◎青年被鬼上身

小伙子从播经机上受了益,平时很自觉地带着小机子,不敢离身。和我儿子晚上在外面玩时,他会很自豪地拍着口袋问:"你带了吗?我带了!"我儿子告诉我说:"他开得好大声啊,说不让周围那些东西靠近自己。"

小伙子要返回白俄罗斯之前,又和他妈妈来我家吃饭,这次几乎没有见他不自主地点头了。他妈妈说,发现孩子点头后,就带他去医院,可是医生却说一切正常。本来她是没有信仰的,这次感受到播经机的厉害了,回家后,小伙子的妈妈把大的播经机拿到自己卧室去放了。

前些时候,一位佛友叫我一起去本地精神病院,看望一个才20岁的年轻女孩。据说,这已是她第三次发病,医院诊断为抑郁症。一见到她,我们就给她分享受益于恩师教法的种种案例,同时把小播经机挂在她脖子上,单曲循环播放《梦》。

才几分钟的时间,这个女孩突然说了一句:"阿姨,

妖魔附体，是心灵感受，失去了意识理性的掌控，任由心灵感受与欲望，反过来操控意识，展现出"精神分裂""狂躁症""人格分裂""臆想症"，诸种精神疾病。

真的有用！"我听懵了，问她："什么有用？"她说："这个机子有用，我的幻听没有了！"我们惊讶地问："啊？你还有幻听吗？"她回答："是啊，我平时会感觉有好多好多人在我耳边对着我说话，我好烦！但是，挂上这个小机子，这些声音就没了！"哇，这太好了。离开医院前，我嘱咐她，除了上厕所时，一定要24小时挂着小机子。

隔了一天，我在微信上问她，晚上睡着了没？她说自从挂上小机子后，她终于睡了个好觉，她好开心啊。之前她除了有幻听，还长期失眠，就算是住院吃药也睡不着觉。

又过了四五天，我再次问她最近睡眠如何，她回答："我睡得很好！"她觉得，这次自己可以出院了。我鼓励她，出院后继续24小时听法。

一切生命未曾离开过爱

一切灵魂都归属于爱

爱未曾遗忘一人

线上亲诵视频

线上视频

YouTube 官方频道

Spotify

联系我们

WhatsApp

LINE

WeChat

爱是唯一不变的答案，永恒的终极答案

作　　者	东方圣光

出　　版	德福出版社（De Fu Publishing）
电话：	0061424718866
电邮：	info@defupublishing.com
网址：	www.defupublishing.com

出版日期　　2025年11月

图书分类　　心理励志

简体版平装书国际书号 (ISBN): 978-1-923572-10-2

简体版电子书 EPUB 格式国际书号 (ISBN): 978-1-923572-11-9

定　　价　　38.99澳币

Printed and Published in Australia

版权所有·侵害必究

如发现本书有钉装错漏问题，请携同书刊亲临本公司服务部更换。

www.ingramcontent.com/pod-product-compliance
Lightning Source LLC
Chambersburg PA
CBHW041227070526
44584CB00001B/127